KB240531

하루를 자신있게 열어가는 책

頭のいい人の時間術

하루를 자신있게 열어가는 책

사이토 시게타 지음 ㅣ 홍영의 옮김

동해출판

인생을 즐기는 사람은 '자기 시간술'을 가지고 있다

'승리팀' '패배팀'의 차이는 시간의 사용법에 있다

세상에 불평등한 것들이 많은데 인간에게 있어서 유일하게 평등한 것이 시간이다. 유명한 대기업의 사장도, 직업을 잃어버린 홈리스도 하루는 24시간이다. 아무리 허덕거려도 하루의 길이는 더 이상 늘어나지도 줄어들지도 않는다.

사장이 될 것인가 홈리스가 될 것인가에 따라 인생은 상당히 달라지게 되는데 이 차이는 도대체 어디서 오는 것일까. 물론 능력의 차이도 있겠지만 그 밖에도 운이니 집안이니 여러 가지 요소가 있고 그것들이 '승리팀'을 정하고 있다.

능력 중에는 '시간의 사용법'이라는 한 항목을 빠뜨릴 수 없다. 하루 24시간을 보다 효율적으로 사용할 수 있는 사람이 인생의 승자가 될 수 있으며 요즘 말로 표현하면 '승리팀'과 '패배팀'의 차이는 시간의 사용법에 있다고 말할 수 있을 것이다.

그러면 '승리팀'의 시간의 사용법에는 대체 어떤 '비밀'이 있을까. 이것이야말로 이 책의 테마 중 하나인데 거기에는 물론 많은 요소가 있다. 이 책에서는 그 하나하나를 검증해 나가는데 여기서 우선 다루고 싶은 것은 시간의 '다중 사용'에 대해서다.

예를 들면 시간을 돈으로 환산한다고 하자. 하루 24시간을 24만 원이라고 하면 '승리팀'은 그 자금을 유효하게 투자하여 2배, 3배로 늘리고 있다. 한편 '패배팀'은 당초의 24만 원은 줄기만 하고 어느 새 자금이 바닥나는 결과가 된다. 다만 시간(돈)을 소비할 뿐이다. 내가 그렇게 생각하게 된 것은 한 요리를 좋아하는 사람의 이야기를 들었을 때다.

그 사람 말에 의하면 요리를 잘하는 사람은 정리를 잘하는 사람이기도 하다는 것이다. 나는 좀처럼 요리를 만들지 않기 때문에 처음에는 이 말이 번뜻 머리에 와 닿지 않았는데 말을 듣고 있는 사이에 '아하, 이것이 바로 시간의 '다중 사용이구나' 하고 납득할 수 있었다.

나처럼 '남자는 주방에 들어가지 않는다'라고 생각하는 사람이 가끔 부엌에서 요리를 만들면 그 자리는 마치 대지진이나 전쟁의 피해지같이 어질러지는 것은 불가피하다. 냄비와 솥, 식기, 조미료 등이 레인지, 싱크대에 어지럽게 흩어져 있는 정경이 떠오른다. 그런데 요리를 잘하고 손에 익은 사람은 이렇게 되지 않는다. 요컨대 요리를 만들면서 정리하고 뒤처리도 병행하기 때문에 요리가 완성될 무렵에는 뒤처리도 거의 끝나 있다.

만약 본격적인 요리를 만든다면 보통 사람은 사전 준비에서 완성까지 1시간, 뒤처리 30분 해서 1시간 30분이나 요하게 된다. 한편 '요리의 달인'은 이것을 약 1시간에 마쳐 버리니 보통 사람보다 하루가 30분 길다는 계산이 나온다. 이것을 1년 간, 10년 간

으로 계산해 나가면 무서운 숫자가 될 것이다. '요리의 달인'이
아니라 '시간 사용의 달인'이 있다면 이런 점이 그 비결의 힌트가
될 것이다.

　내가 전에 군대에서 상관으로부터 처음 들은 말은 '헛된 시간
을 만들지 말라' 였다.

1일 24시간이 2배, 3배도 되는 사고 방식

　시간의 '다중 사용'의 한 예를 기술했는데 이것을 좀더 쉽게
말하면 '……면서 족'이 되라고 권유하고 싶다. 실은 나는 '……
면서 족'의 화신 같은 존재로 예를 들면 거실의 텔레비전은 대체
로 켜놓은 채다. 전화가 걸려 와도 상당히 중요한 말이 아니면 텔
레비전을 보면서 전화를 거는 경우가 많다.

　생각해 보면 전화의 대화 내용은 그렇게 중요한 것만은 아니
다. 메모해 두어야 할 전화는 하루에 고작 5, 6건 정도이고, 그 외
에는 텔레비전을 보면서 충분히 대화할 수 있기 때문에 일부러
텔레비전을 끌 필요가 없다.

　한편, 텔레비전도 열심히 집중해서 볼 정도로 충실한 프로가
많은 것은 아니다. 필연적으로 텔레비전은 '……면서 아이템'의
대표적인 예라 할 수 있는 것이다.

　이런 나와 대조적인 것이 아내인데, 그녀는 동시에 두 가지를
하려고 하지 않는다. 단적인 예로 아내는 전화를 걸 때 등을 텔레

비전 쪽으로 돌리고 있다. 그것은 마치 '나는 전화에 집중하고 있습니다!' 하고 강렬하게 의사표시를 하고 있는 것 같아 아무리 그녀가 좋아하는 장면이 방영되고 있어도 그렇게 쉽사리 '보라' 고 말할 수 없을 것 같은 분위기다.

나는 전화는커녕 원고를 쓸 때도 대체로 텔레비전이나 라디오를 켜놓은 채로 둔다. 어쩌면 집필 중에 원고와 관련 있는 뉴스가 나올지도 모르고, 뉴스 속보가 갑자기 나올 가능성도 있기 때문에 일에 지장이 없는 한 나는 '……면서 족' 이 되기로 한다.

물론 아내는 편지를 쓸 때는 오로지 그것에 집중하고 있기 때문에 시간의 사용법은 확실히 부부가 정반대다.

여성은 필경 두 가지는 하지 못한다라고 단언하면 야단맞겠지만 시간의 유효성을 생각하면 역시 '……면서 족' 의 우위성은 부정할 수 없다. 물론 모든 것을 동시 진행으로 할 필요는 없지만 지금하고 있는 일에 무엇이 플러스 알파가 될 수 있을지 생각하는 것도 시간을 잘 사용하는 요령이라 말할 수 있다.

이와 같이 시간에는 여러 가지 사용법이 있는데 시간이 '생활에 불가결하고 귀중한 도구' 인 이상 좋은 도구를 가지고 그것을 다 쓰는 것이 '승리팀' 으로 가는 길이 된다. '시간도 돈도 부자인 사람' 은 시간을 유효하게 사용함으로써 인생을 넉넉하게 즐기고 있는 것이다.

그러면 구체적으로 어떤 생활 태도로 살고 있을까. 여러 사람들의 예를 들면서 시간술의 요령을 살펴보도록 하자.

Chapter 01

왜 당신은
그렇게 시간이 없는가

시간을 '관리' 하기보다 '창조' 하자

같은 30분이라도
사용법에서 이렇게 다르다

01 시간의 속도는 인간의 마음이 정한다

　세상에는 바쁜 사람이 산더미처럼 있다. 지난 몇 년 구조 정리
가 계속되고 많은 기업에서는 지금 만성적으로 사람 손이 부족한
곳이 많다고 한다. 이른바 '승리팀' 의 회사가 되기 위해서는 잉여
인원을 안고 있을 여유는 없고, 그런 잘못된 영향이 개개 사원에
게 미치고 있는 것 같다.

　아사히신문의 2004년 2월 24일자 기사에 의하면 서비스 잔업
이라는 이름의 '무임금 노동' 이 증가하고 있다고 한다. 어떤 유명
한 컴퓨터 관련 회사에 근무하는 30대 엔지니어는 한 달의 잔업
시간이 50시간을 넘고 있다. 이 중 몇 퍼센트가 무급이니까 사원
으로서는 견딜 수 없는 것이다.

그런데 실태는 좀더 심각하다는 말을 들은 적이 있다. 중소기업에서는 잔업 수당이 있으면서도 보수가 적고, 일하는 시간도 100시간을 넘는 기업이 있다고 하니 이제 이 잔업은 사원에게 '고문'이라 해도 지나치지 않는다. 주휴 2일이라 하고 한 달의 실노동일수를 22일이라고 한다면 매일 5시간 가까이 잔업하고 있는 계산이 나온다. 5시가 정시라 하고 10시까지 일한다치면 그야말로 시간과 일에 쫓기는 매일이다.

이렇게 '비극적'으로 바쁜 사람들이 있는 한편, 세상에는 여유와 시간을 주체하지 못하고 있는 사람도 많이 있다. 거짓말이라 생각하면 잠깐 직장의 주위를 둘러보기 바란다. '월급 도둑'이란 말을 하면 욕할지 모르지만 대체로 어떤 회사에나 대수로운 일도 하지 않는데 일하는 것 이상의 급여를 받고 있는 사람이 결코 적지 않다.

아무리 기업이 실력주의, 성과주의라 해도 이런 사람들이 어떤 세상에나 '생식'하고 있다는 것이 인간 사회의 재미있는 면일 것이다. 최근의 기업 현상에 별로 밝지 않은 나이기 때문에 어쩌면 현대의 기업 풍토는 그렇게 안이한 것이 아닐지도 모른다. 그런데 관공서에 가면 반드시 이런 타입의 사람들을 볼 수 있다. 그런 의미에서는 아직 '제아무리 예산을 써도 정부가 뒷받침하겠거니 하는 안이한 사고 방식'은 건재한다.

이런 한가한 사람에게 매일의 테마는 '어떻게 시간을 빨리 보낼 것인가'가 아닐까 한다. '시계 바늘이 마치 비디오를 빨리 돌리듯이 뱅글뱅글 빨리 돌면 좋을 텐데' 하고 생각하고 있을지도 모른다. 그런데 시간이란 실은 아이러니컬한 존재다. '빨리 시간이 지나갔으면 좋겠다'고 바라는 사람에게 시간은 너무 늦게 간다. 마치 시간이 정지되어 있는 것은 아닐까? 하는 착각이 들 정도로 그 속도는 늦다.

이 현상은 일상 시간에만 일어나는 것은 아니다. 극단적인 말로 인간의 일생에서도 이것과 같은 경우가 일어난다. 이전에 탤런트인 시마다 신스케 씨가 텔레비전에서 이런 말을 하고 있었다. 요약하면 다음과 같다.

"10대, 20대는 시간 가는 것이 터무니없이 빠르다. 지금 그 무렵을 돌이켜 보면 충실했었다는 생각이 절실히 든다. 그런데 30대 후반, 40대가 되면 시간 가는 것이 지겹도록 늦다. 도대체 왜 이런 현상이 일어나는 것일까 생각해보니 그것은 결국 어떤 목적을 가지고 있는 것과 가지고 있지 않은 것과의 차이였다. 좋다! 그렇다면 이것에 도전할 것이다! 하고 피가 끓고 있을 때는 시계 바늘은 빨리 돈다. 그러나 목적이나 목표가 없으면 시간은 더디게 간다. 시간 가는 것이 더디게 느껴지는 것은 사는 목표를 잃고 있는 증거로 그것은 위기 상황이다."

많은 재능을 발휘하여 지금은 인기 텔레비전 프로에는 없어서
는 안 될 신스케 씨가 아니면 안 될 지적이라 말할 수 있다.

▣2 '시간과의 싸움'을 극복하는 머리의 교체법

분명히 인간은 큰 꿈을 품고 그것을 향해 노력하고 있을 때는
아무리 시간이 있어도 부족한 법이다. 수험공부를 하고 있으면서
'적어도 앞으로 3개월만 더 있으면 한 단계 높은 수준의 학교도
합격할 텐데…….' 하고 생각한 사람도 적지 않을 것이다. '세월
은 화살과 같다'는 말이 있다. 시간이 필요할 때는 시간이 모자
라게 되어 있다.

따라서 바빠서 '하루가 25시간 있으면 좋을 텐데' 하고 매일
고민하고 있는 사람은 어떤 의미에서는 행복한 사람이다. 물론
과로사할 정도로 일하거나 혹은 혹사당한다면 더없이 어리석지
만 약간 바쁜 정도라면 그리고 아직 젊다면 그것은 축복 받은 환
경에서 일하고 있다고 생각해도 좋을 것이다.

'고생은 사서라도 하라'라는 말처럼 시간에 관한 고생 역시 젊
었을 때 체험해 두는 것이 좋다. 그렇게 하여 '시간과의 싸움'을

극복해 온 사람일수록 뛰어난 인물이 될 수 있는 것이다.

때문에 너무 바쁜 것도 좋지 않은가 라는 무책임한 말을 할 의도는 없다. 분명히 너무 바빠서 생활에 여유를 느낄 수 없다면 인생은 아무리 젊었을 때라 해도 약간 쓸쓸하다.

그러면 매일 일에 쫓겨서 바쁜 사람은 어떻게 하면 되겠는가?

⓪⓷ 단시간 이용법과 장시간 이용법의 비법이란

내가 한 가지 제안하고 싶은 것은 '짧은 시간은 여유 있게, 긴 시간은 우물쭈물하지 말고 척척 사용하자' 라는 것이다. 이것은 한 피아니스트와의 인터뷰 기사를 보고 생각난 것인데 그 사람 말에 의하면 템포가 빠른 곡을 연주하는 데 있어서 중요한 것은 당황하지 말고 유유히 연주하는 것이라고 한다.

악곡의 템포를 나타내는 메트로놈(Metronom:박절기)을 보면 1분간에 130정도의 템포를 '알레그로(allegro:빠른 속도로 경쾌하게 연주하라)' 라고 하며 1초에 2박자이니까 제법 빠른 템포라 할 수 있다. 이런 템포에서 당황해서 연주한다면 듣는 사람은 확실히 불안하다. 반대로 1분에 60정도의 박자를 '아다지오(adagio:느리게)'라고 하며 약 1초간에 1박자이니까 비교적 느린 템포다. 이런 악곡을 유유히 연주하면 듣는 사람도 축 늘어진 기분이 되어 버린다.

빨리 연주해야 할 때는 연주도, 연주하는 마음도 느긋하고 침착하게, 천천히 연주할 때는 리듬을 살려서 쾌활하게 연주하는 것이 명 연주인 것이다.

과연! 하고 나는 납득하였는데 새삼 생각해 보니 이 말은 시간을 유효하게 이용하는 것과 공통되어 있다는 것을 깨달았다. '시간이 없어 촉박할 때 평범한 사람은 크게 당황해서 일을 처리하려고 한다. 어떡하든지 시간 내에 일을 마치려고 기를 쓰는 것이다. 능률이라는 말 앞에 마음의 여유는 보이지 않게 된다.

반대로 '시간은 충분히 있으니 여유있게 일을 하자'라고 할 때 평범한 사람은 시간을 믿고 느긋하게 앉아 빤히 알고 있으면서 소중한 시간을 낭비해 버린다. 시간에 여유가 있을 때야말로 그 메리트를 더욱 유용해야 할 터인데 그것을 끝까지 활용하지 못한다. 요컨대 시간의 사용법이 서투른 것이다.

예를 들면 너무 바쁠 때 30분 정도 우연히 틈 날 때가 있다. 그때 당황해서,

"마치 신의 은총 같은 30분이다. 헛되이 하지 않도록 곧 뭔가 착수해야 한다! 음, 어떻게 하면 좋을까." 하고 갈팡질팡해 버린

다면 30분은 헛되이 지나가 버릴 뿐이다. 마음만 초조해지고 결국 비생산적인 시간으로 끝나 버린다.

이제 내가 말하고 싶은 것을 이해했을 것이다. 요컨대 30분이나 1시간이라는 비교적 짧은 시간은 그 사용법을 차분히 생각하고 그 시간을 무엇에 사용할 것인지 최선의 이용법을 우선은 생각해야 한다. 그것은 1분도 좋고 5분도 좋다. 우선 침착하게 배에 힘을 주고 그리고 행동으로 옮기는 것이 단시간 이용법의 비법 중 하나다.

반대로 2시간 이상의 사용법을 생각할 때는 우선 행동해 보는 것도 재미있다. 잠자코 책상에 앉아 있지 말고 기분 전환으로 산책을 하거나 하면 시간을 뜻있게 사용할 수 있다. '워크 돈 런(walk don't run)' 급하면 돌아가라는 교훈은 시간의 사용법에도 적합하다는 것을 잊지 않기 바란다.

어떻게 하여
헛된 시간을 줄일 것인가

🔲 01 이동시간을 최대한 줄이자

시간의 사용법을 척척 판단하여 처리하는 사람. 이것은 시간의 사용법이 능숙한 사람의 조건 중 하나이다. '망중한(바빠도 틈은 있다)' 이라는 말이 있는데 이것은 열심히 일하고 있는 사람에 한한다. 그러면 그런 사람들은 어떻게 효과적으로 짬을 찾아내고 있을까.

자만하는 말처럼 들릴지 모르지만 나도 열심히 일하고 있을 때는 상당히 지나치게 꽉 짜인 스케줄을 처리해내고 있다. 때로는 시간에 쫓기다시피 하여 일하고 있는데 이런 때는 어떻게든 헛된 시간을 줄이려는 지혜가 있어야 한다. 그래서 내가 생각한 것은 이동시간을 최대한 줄이는 것이었다.

물론 이동시간도 사용법 하나로 귀중한 시간으로 다시 태어난다. 전차 안에서 영어단어를 암기하는 것은 학생의 전매 특허이고, 주위에 폐를 끼치지 않는다면 컴퓨터를 조작할 수도 있다. 다만 그것들은 어디까지나 시간의 '2차적'인 사용법으로, 될 수 있으면 이동시간을 줄여서 공부나 일에 집중할 수 있는 시간을 많게 하는 것이 훌륭한 계책이다.

그러면 구체적으로 이동시간을 줄이려면 어떻게 하면 될 것인가? '그렇지만 헛된 시간은 별로 없다'고 생각하는 사람이 대부분일 텐데 잘 따져 생각해 보면 제법 헛된 시간을 낭비하고 있다.

나의 경우 그 대표적인 것은 '머리 깎는 것'이었다. 나는 신바시에 있는 이발소에 자주 다니고 있었는데 이전에 정신과병원협회가 신바시에 있었기 때문에 회의하는 짬짬이 이 이발소를 이용했던 것이다. '시간이 없기 때문에 1시간 내에' 깎아 달라고 주문해도 불쾌한 내색 하나 하지 않는 이발소의 분위기가 마음에 든 것도 있었지만 아무튼 신바시라는 장소가 나에게는 이용하기에 편리했다.

업무 관계로 히비야나 긴자에 가는 일이 많았던 나는 일하기 전후에 이발소에 가면 되기 때문에 이발소에 가는 시간을 절약할 수 있는 것이다.

그런데 그 후 내 단골 이발소는 하네다에도 생기게 되었다. 바로 하네다 공항 터미널 안의 이발소다. 이렇게 말하면 머리 회전이 빠른 독자라면 곧 이해할 것이다. 비행기를 타기 전 시간을 이용해서 그 이발소를 이용하게 된 것이다.

국내선에서는 대체로 탑승 수속을 1시간 전부터 시작하는데 탑승권을 받은 후에는 출발까지 시간이 남는 경우가 많다. 될 수 있으면 1시간 전 정도에 도착하는 것이 가장 좋은데, 도로의 정체를 예측하고 일찍 집에서 나왔는데 예상외로 소통이 잘 되어 시간이 너무 많이 남는 경우도 흔히 있다.

물론 이런 경우는 보통 예측하고 있기 때문에 이에 대비하여 제작 중인 책 교정쇄를 가지고 가거나 하는데 어느 때는 갑자기 머리가 길었다는 것을 깨달은 것이다.

'그렇지! 이발소에 가면 되겠다.'

이것이야말로 시간의 좋은 이용법이라고 내심 만족한 듯이 빙그레 웃으면서 이발소로 들어갔는데, 미용사는 내가 자리에 앉자마자 이렇게 물었다.

"출발은 몇 시 편입니까?"

당연한 것이라고는 하지만 공항 안이기 때문에 나와 같은 손님이 거의 절반 이상일 것이다. 이발소에서는 그 시간에 맞추어서 머리를 깎아 주기 때문에 손님은 안심하고 이발할 수 있는 것이다. 약간 시간에 여유가 없을 때도 빨리 머리 손질을 해 주기 때문에 그런 의미에서도 시간의 절약이 된다. 확실히 공항의 이발소답다.

02 '하는 김에 한다'가 시간 단축의 기본 테크닉

나날의 생활을 돌이켜 보면 인간으로서 해야 할 것들이 많이 있다. 당연히 그 때문에 소비하는 시간도 필요하다. 시간을 절약하려고 마음 먹고 목욕 시간이나 양치질하는 시간을 줄인다는 것은 언어도단이다. 잘못된 시간 절약법은 그 사람의 품성을 낮출 뿐이다.

그러나 '해야 할 일'도 행하는 타이밍은 있다. 목욕시간도 보다 효과적인 시간대 요컨대 심신을 재충전할 수 있도록 시간 설정하는 것이 현명한 방법이라 말할 수 있다.

이와 같은 생활의 '루틴 워크(routine work:극히 당연한 일)'를 시간 절약화하는 것도 중요하다. 예를 들면 시간절약은 아니지만 '시차'라는 사고 방식도 중요하게 된다. 흔히 전철역 구내에 시차 통근을 호소하는 포스터가 붙어 있는데, 사람의 집중이 시간의 낭비를 초래하는 결과를 가져 오는 경우가 적지 않다.

흔히 점심시간에 은행 앞을 지나면 현금인출기 앞에 여러 사람이 줄 서 있는 광경을 보게 된다. 때로는 뱀이 몸을 서리듯이 몇십 명이나 줄 서 있는 경우가 있어 생각해보면 금요일인 25일이다. 주말에는 돈이 필요할 것이고 오늘이 급여일이기 때문에 돈을 찾으려는 사람이 몰려 있는 것이다.

그런데 이런 복잡한 대열에 서서 5분, 10분, 시간을 허비하는 것은 아무리 생각해도 시간이 아깝다. 나란히 줄 서서 50만 원을 인출하나 줄 서지 않고 50만 원을 인출하나 마찬가지니까 이렇게 줄 서 있는 시간은 정말 낭비라 할 수 있다.

나는 현금인출기에 대해서 상세한 것은 모르지만 최근에는 은행도 경쟁이 심해진 탓인지 현금인출기를 하루 종일 가동시키거나 수수료를 받지 않는 곳도 있는 것 같다. 또 편의점에서도 돈을 인출할 수 있는 곳이 있으니 수수료 등을 검토하여 그것을 이용해 보는 방법도 있다.

'언젠가는 해야 할 일'은 될 수 있는 한 '일부러 하지 않는다' '하는 김에 한다'는 것, 그러니까 '최대한 시간을 들이지 않는' 마음가짐이 필요한 것이다.

짧은 시간을 정복하는 사람이 모든 시간을 정복한다

🔲 '5분간의 철학'이 성공 여부를 가름한다

은행의 현금인출기 앞에서 줄 서는 예를 들었는데 이런 말을 하면 고개를 갸우뚱하는 사람이 있을 것이다. 아마도 이런 타입은 이렇게 주장할 것이다.

'인생에 있어서 시간이 중요한 것은 안다. 하지만 그러기 때문에 시간에 너무 구애되지 않고 여유를 가지고 지내고 싶다. 고작 5분이나 10분 줄 서는 것 정도가 무슨 대수인가. 그런 일에 흠을 잡다니 도저히 찬동할 수 없다'라고.

이렇게 주장하는 사람에게까지 소중한 나의 시간 이용술을 설명할 생각은 없다. 인생관, 가치관은 개인에 따라서 다르기 때문에 시간의 사용법 역시 그 사람의 사고 방식에 따르는 것이다.

다만 한 가지 내가 말해 두고 싶은 것은 이와 같은 생활에서 시간의 낭비에 무관심하고 그것을 개선하려고 하지 않는 타입은 시간관리에 허술하고, 시간이라는 좌표축에서 보면 결코 성공할 타입은 아니라는 것이다.

흔히 '조그만 일에 신은 머문다' 라는 표현을 한다. 예를 들면 호텔이나 여관 같은 곳에서 '미소와 진심으로 손님을 모시고 있습니다!' 라는 대대적인 캠페인을 실시하고 있어도 단 한 사람의 종업원의 불친절로 그것이 물거품으로 끝나 버리는 경우가 있다. 사태의 본질은 조그만 부분에 나타나기 쉬운 것이다.

그와 마찬가지로 '나는 시간에는 독자적인 철학을 가지고 있는데 그 중 하나가 바로 5분 정도의 짧은 시간에 대해서는 신경 쓰지 않는 것이다' 라고 잘난 척하며 그 5분의 낭비를 간과하는 그런 사람은 결국 시간관리에 허술해서 사용하는 법이 능하다고 말할 수 없다. 매일의 대수롭지 않은 사소한 시간의 낭비에 눈이 가지 않는 사람은 큰 시간의 사용법도 흐리멍덩할 수 밖에 없다.

02 헛된 시간을 성공으로 이끈 A군의 경우

그렇다고 내가 결코 시간에 대해서 극단적으로 꼬박꼬박 잘 지킨다는 것은 아니다. 때로는 낭비도 제법 한다. 그 낭비가 헛되이 되지 않고 어떤 성과를 가져 오는 점이 시간의, 나아가서는 인생의 재미있는 면일 것이다.

이렇게 쓰다가 생각난 것이 있는데, 한 자동차 세일즈맨 A군에 대해서다. A군은 학생시절부터 사교적인 타입인데, 한 급우의 표현을 빌자면 '입이 먼저 태어났다는 것은 바로 A를 두고 한 말이다' 라고 놀릴 정도였다.

그런 A군이 자동차 딜러(dealer:특약소매업자)의 세일즈맨이 된 것을 보고 친구들은 모두 천직이라고 생각했다. 그런데 현실은 냉혹하다. 아무리 잡담(수다스러움)을 좋아하고, 명랑한 성격이라고 해도 차를 간단히 팔 수 있는 것은 아니다. 입사 직후 A군의 성적은 영업소에서도 밑바닥에서 헤어나지 못했다.

사원 연수에서 상사가 A군의 접객 태도를 체크하였으나 큰 문제점은 발견할 수 없었다. 오히려 잡담을 적당히 섞은 그의 세일즈 토크는 훌륭했고 '그것으로 자신만 붙으면 세일즈맨으로 크게 성장할 것이다' 라는 것이 대부분의 평가였다.

그즈음 A군은 한 영어 번역가의 집 문을 두드렸다. 이 번역가는 자동차 운전면허는 없었지만, 쉴 겸해서 젊은 사람의 말이 듣고 싶어졌다.

"나는 차를 운전하지 않고 친척이나 친구도 차 살 예정은 없지만 그냥 자네의 말을 듣는 것만이라면 좋아."

그 날 문전 박대만 받던 A군은 기꺼이 집 안으로 들어갔다. 처음에는 차 대접 정도만 기대했는지도 모른다. 외국인의 가정도 늘어나고 영어를 사용해야 할 기회가 늘게 되었기에 A군은 영어에 상당히 관심을 가지고 있었다. 원래 영어를 좋아했던 A군은 좀더 실력을 익히기 위해서는 어떻게 하면 좋을까 하고 번역가에게 조언을 구했고 번역가는 A군에게 친절하게 여러 가지 어드바이스를 해 주었다. 결국 번역가와 대화를 나눈 것은 1시간 정도였다. 물론 차는 팔지 못하고 A군으로서는 헛된 시간이었다. 그런데 열심히 여러 가지로 질문하는 A군에게 번역가도 호감을 가진 모양이었다.

"자네가 너무 한가하면 곤란하지만 시간이 나면 가끔 차라도 한 잔 마시러 오게. 자네가 시간이 나면 나는 언제라도 환영이네." 라고 따뜻한 말을 해 주었다.

그 후 A군은 5, 6번 그 번역가의 집을 방문했다. 실적을 올리지 못해서 침울해 하고 있을 때 번역가와 함께 영어의 이야기나 잡담을 하는 것은 기분 전환하는 데 귀중한 시간이었다. 물론 회사에 제출할 업무일지에는 그것에 대해서 한 마디도 언급하지 않았다. 팔릴 가망도 없는 집에 1시간이나 있다는 것은 '게으름 피우기'나 다를 바 없었기 때문이다.

그런데 놀랍게도 최초의 만남 후 1년쯤 지나서 그 번역가는 '차를 바꾸겠다는 지인을 소개했고, 그 후 이야기는 척척 진행되어 손님이 또다른 손님을 소개하는 행운을 만나 A군은 단숨에 영업소에서도 탑 클래스로 올라간 것이다.

나중에 A군은 번역가에게 이렇게 물었다.

"그런데 왜 저를 X씨에게 소개해 주셨습니까?"

번역가의 대답은 명쾌했다.

"우리 집에는 세일즈맨이 자주 오지만 모두 자기 물건 팔기에만 급급한 세일즈 얘기만 하곤 하지. 그런데 자네의 말하는 태도는 그 사람들과는 달랐네. 특히 영어에 관한 이야기는 열심이었고 자네의 그 열의가 손바닥 보듯이 알 것 같았네. 나는 차를 운전하지 않지만 자네 같은 세일즈맨이라면 다른 사람에게 소개해도 좋다고 생각한 걸세."

🔳 헛된 시간은 인생에 보탬이 되기도 한다

이 말을 듣고 A군은 세일즈맨으로서 자신의 결점을 통감했다. A군은 재치 있는 말솜씨와 화려한 세일즈 토크에는 뛰어나 있었다. 표면의 말만은 일류 세일즈맨 못지않았었다. 그런데 손님의 마음을 감동시키는 말은 하지 못하고 있었다. 자신의 내면을 드러내는 일도 없고 단지 입으로만 말하고 있었던 것이다.

그런데 번역가와의 세일즈 토크는 달랐다. 영어로 말하고 싶다는 A군의 열의가 상대에게 전해졌고 상대방은 A군의 진짜 모습을 이해해 준 것이다.

이 한 건으로 세일즈맨으로서의 A군은 크게 변모했다. 말이 통할 것 같은 손님에 대해서는 차를 팔기보다 자신 그 자체를 파는 자세를 명확히 했다. '나를 신뢰하여 주십시오'라는 자세를 표면에 나타냄으로써 고객의 마음을 사로잡은 것이다.

A군은 그 후, 항상 영업소의 탑 클래스의 지위를 유지하고 있는데 만약 번역가와의 만남이 없었다면 지금의 자신은 없었다고 생각하고 있다. 그런 의미에서는 번역가와의 만남이 A군의 인생을 크게 좌우했다고 말할 수 있을 것이다.

그런데 단지 형식적인 만남만 유지하고 있었다면 A군의 성공은 있을 수 없었을 것이다. 거기서 잡담이라는 헛된 시간을 허비한 것이 번역가의 마음을 사로잡을 수 있었던 것이다.

　세일즈맨으로서는 팔 가망도 없는 손님과의 면담은 헛된 시간, 의미 없는 시간이라 말할 수 있을 것이다. 1, 2회 만나는 정도라면 '어쩌면 다른 손님을 소개해 줄지도 모른다'라는 '전략'이 성립되지만 몇 번이고 만나는 것은 헛된 시간일 수밖에 없다. 그런데 그 헛된 시간이 이렇게 인생을 크게 변화시키는 계기가 되는 경우도 있다.

　'시간을 잘 사용하는 법'이라는 테마가 있는 경우, 맨 먼저 대상이 될 수 있는 것이 '헛된 시간'으로, 그 해소가 중요하게 된다. 분명히 하루가(1일)가 헛된 시간뿐이었다면 인생에 아무것도 좋은 일은 없다. 오로지 시간만 낭비하는 인생이다.

　'장래에 회사를 갖는다', '훌륭한 변호사가 된다', '복지 사업으로 사회에 도움이 되고 싶다'라는 목표를 달성하기 위해서는 헛된 시간이 많이 있어서는 안 된다. 그러나 동시에 헛된 시간이 조금은 있어야 한다는 것이 나의 지론이다. 그것은 언뜻 보기에 불합리한 사고 방식 같지만 요컨대 인생이란 그런 것이다.

　헛된 시간, 때로는 그것이 성공으로 이끄는 계기가 된다는 마음의 여유가 시간을 보다 유효하게 한다.

　업무상의 헛된 시간이라고 하면 흔히 말하는 회의 시간을 들 수 있다.

'우리 부서는 1년 내내 의미도 없는 회의를 하고 있습니다' 라는 푸념을 샐러리맨, 납품업자가 많이 드나드는 선술집에서 자주 듣곤 한다.

그러면 헛된 회의 시간을 어떻게 생각하면 좋을 것인가? 뒤에서도 기술하겠지만 회의는 '헛된 시간' 의 전형이며 개인의 재량으로 자유로 사용해도 상관없는 시간이다. 분명히 상사에게 들키지 않으면 몰래 잠자도 좋고, 자신의 업무에 대한 것을 생각해도 상관없다. 헛된 시간이라고 딱 잘라 결론짓고 그 시간을 아무것도 하지 않고 멍하니 있어도 좋다고 생각하는 것이다.

만약 그것이 마음의 재충전이 된다면 그것으로 충분하다. 만약 아무 메리트가 없어도 헛된 시간을 허비했다고 후회하지 않는 것이 중요하다.

인생은 '시간이라는 단위의 연속이다' 라는 말을 했는데, 인생에 후회는 항상 따라다닌다. 인생에는 산이 있고 계곡이 있으며 절대로 만사가 순조롭게 진행되는 것만은 아니다. 그것은 시간도 마찬가지로 '좋은 한때를 보냈다' 고 충실감을 맛볼 수 있는 때가 있다. 한편, '아아, 도대체 지난 몇 시간은 무엇을 하고 있었단 말인가' 하고 공허감에 잠길 때도 있다.

그러나 그것 역시 인생이라 결론짓고 헛된 시간을 후회하지 않는 것이 중요하다. 이른바 될 대로 되라는 것이다. '케 세라 세라

(queseraser)'의 마음가짐 말이다.

　요즘 갑자기 우울증이 증가하고 있는데 이런 될 대로 되라는 마음을 가지고 있으면 우울증에 걸릴 걱정은 적다. 지나간 시간은 후회하지 않는다, 헛된 시간도 의미 있는 것이라고 마음을 고쳐먹는 것이 내가 권하는 마음의 건강법이기도 하다.

시간의 착각, 그 3개의 함정

젊은 영업사원이 빠져든 '시간 감각'

얼마 전에 모 유명 기업의 관리직으로 근무하는 T씨(45세)로부터 이런 말을 들었다. 거래처 기업에 가게 되어 T씨는 25세 되는 부하직원과 역 개찰구에서 만나기로 하였다. 입사 3년째의 젊은 사원은 약속 시간 2분 전에 숨을 헐떡이며 나타났다.

"기다리시게 해서 죄송합니다. 저기 서점에 ○○에 관한 흥미 있는 기사가 잡지에 실려 있었습니다."

걸으면서 그 부하직원은 T씨에게 이렇게 말했다 한다. ○○라는 것은 회의하러 가는 기업의 이름이었다. 이 젊은 사원이 자신을 어필하려고 자기에게 일부러 이런 말을 한 모양이라고 T씨는 생각했다.

"'상사를 기다리게 했지만 멍하니 놀고 있었던 것이 아니라 일찍 와서 남는 시간을 거래처에 관한 정보 수집이라는 중요한 것에 사용하고 있었습니다.' 하고 어딘가 모르게 자신 만만한 태도를 취하고 있는 것처럼 보였고, 솔직히 말해서 흐뭇한 느낌이 들었습니다. 입사 3년째라고 하면 정식으로 영업부에 발령 받고 나서 아직 2년. 남 못지않은 영업사원이 되겠다는 의욕만은 손바닥 보듯이 알 수 있었습니다."

그러나 젊음이란 장점이기도 하고 단점이기도 하다. T씨는 젊은 영업사원의 '시간 감각'에 3가지 의문을 느꼈다고 한다. 그 말을 듣고 나는 '과연……비즈니스의 제1선에서 일하는 엘리트 샐러리맨이란 시간에 대해 이런 사고 방식을 가지고 있구나' 하고 탄복했다. 독자 여러분은 T씨가 무엇을 말하려는지 알 수 있겠는가?

02 약속 시간만 지키면 되는 것인가

우선 제1의 답은 시간의 '질'이라는 것이다.

예를 들면 업무중에 스케줄이 갑자기 변경되어 1시간 정도 여유 있는 시간이 생기는 경우가 있다. 이 때의 1시간은 바로 자유

시간이다. 비축하고 있던 전표 정리를 해도 좋고, 기분 전환으로 가까운 곳을 산책해도 좋다. 이 1시간을 어떻게 사용해야 할 것이냐, 여기에 엄밀한 우선 순위는 존재하지 않는다.

그런데 상사와 만날 약속시간 전에 생긴 시간은 어디서 뚝 떨어진 것과 같은 1시간과는 전혀 다른 종류의 시간이라는 것을 젊은 사원은 이해하지 못한다. 그것은 언뜻 보기에 자유시간 요컨대 자신의 재량으로 마음대로 사용할 수 있는 시간이라 생각하기 쉬운데 이것은 절대로 자유시간은 아니라고 T씨는 말한다.

"비즈니스의 세계에서 가장 중요한 시간은 무엇인가. 그것은 틀림없이 약속 시간이다. 비즈니스가 사람과 사람과의 관계에서 성립되고 있는 이상 약속시간을 지키지 못하는 사람은 '무능한 사원', '일을 못하는 놈' 이라는 낙인이 찍힌다."

그것은 그럴 것이다. 아주 당연한 것을 말한다고 나는 생각했는데, T씨는 말은 거기서 그치지 않았다.

"다만, 시간의 약속을 지키는 것은 비즈니스에서는 상식중의 상식입니다. 그런 것도 할 수 없는 사원은 문제 밖입니다. 내가 말하고 싶은 것은 그러면 시간약속만 지키면 되는가 하는 겁니다. 예를 들어 13시에 약속했다면 약속시간 3분 전 혹은 5분 전에 도착해 있으면 되는가라는 점입니다. 물론 단연코 그런 것은 아니지만 약속한 상대가 소중한 고객이라면 무슨 일이 있어도 상대보다 일찍 도착해 있어야 합니다. 13시 약속이라면 약 1시간 전까지는 13시를 위한 '준비 시간' 이라고 이해해야 합니다. 결코 어디서 뚝 떨어진 1시간이라고는 생각지 않는 것이 좋으며, 오히려 자유시간이기는커녕 약속시간에 묶여진 각별히 부자유스러운 시간인 것입니다."

T씨의 부하직원인 젊은 사원은 그런 점의 인식이 부족했던 것 같다. 조금 일찍 도착했다고 해서 서점에서 정보 수집하는 것은 완전한 벼락 지식이다. 결국 상사를 기다리게 해 버렸으니 '준비 시간' 이 전혀 되어 있지 않은 것이다. 그 시간이 어떤 의미를 갖는가, 시간의 '질' 에 대한 판단이 안이했다는 것이다.

시간의 '질' 이라고 하면 일하고 있을 때나 회의중의 시간이 반드시 질적으로 중요한 시간이라고는 할 수 없다. 예를 들면 대부분의 회의는 '헛된 시간' 의 전형과 같기도 하고, 이런 시간은 개인의 재량으로 자유로 사용해도 상관없는 시간이다. 들키지 않으면 몰래 숨어서 잠자도 좋고, 자신의 일에 대한 것을 생각해도 상관없다. 극단적으로 표현하면 대부분의 회의가 개인 각자 사원에게 질적으로 귀중한 시간은 아니다.

시간에는 여러 가지 종류의 시간이 있다. 현재의 시간, 가까운 앞날의 시간, 먼 장래의 시간, 각기 시간에 따라 스스로의 사용법이 달라지게 될 것이다. 그것을 고려한 후에 그 시간이 질적으로 어느 정도 중요한 시간인가를 확인하는 것이 '시간을 잘 사용하는 사람'과 '시간을 잘 사용하지 못하는 사람'의 차이가 되어 나타나는 것이다.

🔳 자신을 어필할 때 '시간'은 중요한 키워드

T씨가 부하직원의 행동을 통해서 말하고 싶었던 것 두 번째는 '어필할 때의 시간 사용법'이다.

이것도 경제의 세계와는 직접 관계 없는 나에게 있어서는 뜻밖의 지적이었는데, 그것은 요컨대 시간을 이용한 '자기 어필'에 대해서였다. 다음은 직접 T씨의 말을 빌리기로 하자.

"우리 비즈니스맨에게 있어서 자기를 어필하는 자리는 의외로 적습니다. 물론 영업직처럼 개인의 능력이니 실적이 숫자가 되어 나타나는 케이스도 있지만 그 외의 부서에서는 개인의 '일하는 실력' 같은 것은 비교적 나타내기 곤란합니다.

이전처럼 회사가 종신 고용제로 한가한 가족주의적인 시대라면 자기 어필할 필요는 그다지 없었습니다. 그런데 능력주의가 색 짙어지고 상사가 부하직원을 평가하는 것은 당연하며, 반대로 부하직원이 상사를 평가하는 시대가 되어 상황은 일변했습니다.

지극히 평범한 관리부문의 샐러리맨이라도 자신의 일하는 태도를 적극적으로 어필하여야 하는 시대가 된 것입니다. 그렇게 하지 않으면 보너스가 줄 뿐만 아니라 급여마저 감액되는 냉혹한 시대입니다.

그런데 앞에서 기술한 바와 같이 일의 내용을 숫자로 나타내기 곤란한 부서에서는 일의 성과를 스스로 어필할 수밖에 방법이 없습니다. '나는 지금 이런 일에 몰두하고 있습니다. 이런 결과를 낼 수 있었습니다' 하고 적극적인 자기 어필이 요구됩니다."

자신을 어필하는 법으로서 '시간'이라는 키워드가 중요하게 되자 T씨는 지적한다.

"요컨대 시간은 돈이라는 사고 방식입니다. 아르바이트나 파트타임의 수입은 정확히 시급이라는 형태로 정해져 있는데 일반 샐러리맨도 마찬가지여서 근무 시간 내에 어느 정도 생산성을 올렸는가 하는 것이 사원의 평가 포인트가 됩니다. 극단적인 말로 '나는 1시간을 이렇게 사용하고 이런 성과를 올렸습니다.' 하고 상사나 동료에게 어필할 필요성이 높아지고 있습니다. 다만 아무 전략도 없이 그저 어필하면 된다는 것은 아닙니다. 때와 장소를 생각하고 이때다 싶을 때 자기 어필이 중요합니다. 그런 점에서 나의 부하직원은 어딘지 모르게 빗나갔다는 인상이 짙었다는 겁니다."

과연 그 말을 듣고 보니 분명히 이 젊은 사원이 어필하는 태도
는 어딘지 모르게 만화적이기도 하다.

앞으로 중요한 거래처에 가려고 할 때 부하직원이 자기 어필을
한다면 그것을 듣게 되는 상사는 어떤 기분일까. '이봐, 그런 말
은 나중에 하지' 하고 개중에는 화내는 사람이 있어도 이상할 것
없다. 일에 있어서 시간은 자신의 능력이나 실적을 어필하는 중
요한 '무기' 라는 것은 틀림없지만 그 사용법을 한 걸음 잘못 디디
면 완전히 역효과가 된다는 것이다.

04 시간을 읽는 것은 분위기를 읽는 것이다

이 T씨의 말을 듣고 나는 역시 대기업에 근무하는 한 관리직의
명언이 생각났다. 그것은 '시간을 읽는 것은 공기를 읽는 것이기
도 하다' 라는 말이다. 현재의 시간을 어떻게 사용할 것인가, 스케
줄의 변경으로 갑자기 생긴 시간을 어떻게 할 것인가, 이런 때 요
구되는 것은 자신을 둘러싼 분위기를 정확히 판단하는 것이다.

분명히 세상에는 '실수 없이' 일을 처리하는 사람이 있다. '실
수가 없다' 는 것은 과실, 부주의가 없다는 의미이기 때문에 상당
히 칭찬하는 말이다.

'나가시마 재팬'의 주장으로서 대활약한 사람이 야쿠르트 스왈로즈의 미야마토 신야 선수였다. 그는 공수(攻守)의 중요한 인물로서 팀의 예선 돌파에 크게 공헌하였는데, 그는 바로 '실수 없는' 플레이어의 대표일 것이다. 어떤 플레이라도 전력을 다하는 자세에 감독은 물론이고 그에 대한 팀 전원의 신뢰도 두터운 것 같다.

그러면 '실수가 없는' 플레이어란 어떤 선수를 가리키는 것일까. 그것이야말로 바로 정확히 '시간을 읽고 분위기를 읽는' 플레이어다. 이 장면에서는 투수가 침착하게 던지는 공을 확인하기 바란다고 벤치(감독, 코치진)가 생각할 때는 실수로라도 초구부터 배트를 휘두르지 말 것이며, 주자를 보내기를 원할 때는 확실히 그것을 할 수 있는 선수다. 이런 선수야말로 이른바 팀 리더에 어울린다고 말할 수 있다.

이 말은 선수에 한하는 것은 아니다. 샐러리맨도 마찬가지며 이와 같은 '실수 없이' 시간과 분위기를 읽을 수 있는 사람이 그 부서의 리더가 될 수 있다. 상사나 동료, 부하직원에게 신뢰받고 장차 큰 조직을 구성하는 인재인 것이다.

앞에서 하던 이야기로 돌아가자. 그런 점에서 T씨의 젊은 부하직원은 그 자리의 '시간과 분위기'를 전혀 읽지 못하고 있다.

중요한 거래처와의 협의라는 것은 이른바 '전투 개시 모드'다.

T씨로서는 '두고 봐라, 우리 부서를 널리 알릴 것이다' 라고 단단히 마음먹고, 더욱 큰 비즈니스 찬스를 잡으려고 마음먹고 있었는지도 모른다. 그런 때 부하직원이 핀트가 빗나가는 자기 어필을 해 온다면 분노하기보다 어이없어 질려 버리는 것도 무리가 아니다. 이 젊은 사원의 행동은 상사로부터 마이너스 평가를 덧칠하고 있음에 불과한 것이다.

05 '시간의 길이'를 착각하지 말라!

세 번째로 T씨가 지적한 것은 '시간의 길이의 착각' 에 대해서다. T씨의 부하직원은 약속시간보다 2분 전에 당황해서 달려왔는데 시간적인 여유를 갖지 못했던 것은 '시간의 길이를 착각한 것이 원인' 이라고 T씨는 말한다. 이것도 처음에 나는 의미를 파악할 수 없었는데 T씨의 말을 듣고 있는 사이에 과연 그렇다고 납득이 갔다.

이것은 독자 여러분도 경험이 있다고 생각하는데 같은 길이의 시간이라도 그 '체감시간' 은 전혀 다른 경우가 많다. 예를 들면 바빠서 눈코 뜰 새 없는 1시간은 눈 깜짝할 사이에 지나간다. 시계 바늘을 보고 '벌써 1시간이 지나가 버렸나' 하고 놀란 경험도 적지 않을 것이다.

반대로 심심할 때 1시간은 시간이 정지되어 있는 것처럼 길다. 1시간이 마치 2시간이나 3시간의 길이로 생각되니까 시간이란 이상한 것이다. 바쁠 때일수록 시간 가는 것이 더디게 느껴지고, 반대로 한가할 때는 시간이 리드미컬하게 지나간다면 좋을 텐데 현실은 그렇게 되지 않는다.

누구였는지 생각이 나지 않지만 '인생이란 요컨대 시간의 퇴적이다' 라고 갈파한 사람이 있었다. 이 말은 인생이 만약 뜻대로 되지 않는 아이러니컬한 것이라면 그것은 시간 그 자체가 심통 사나워서 뜻대로 안 된다는 것을 나타내고 있는 것이다. 시간이란 필경 인간 따위가 뜻대로 조종할 수 없는 큰 존재인 것이다.

그와 같이 달관하면 시간의 사용법이 서투르다고 비관하지 않아도 되는데 그렇게 말해 버리면 표현이 지나치게 노골적이어서 맛도 정취도 없다. 궁리를 거듭하여 조금이라도 시간을 유효하게 사용하는 것이 인간으로서 중요한 것이다.

그러면 T씨의 이야기로 돌아가자. T씨의 부하직원은 이 '아주 바쁜 때의 시간' 과 '한가한 때의 시간' 의 착각에 빠져들었다고 말할 수 있다. '이제부터 상사와 약속하여 중요한 거래처와 협의한다' 는 것은 일하는 데 있어서 '아주 바쁜 모드' 다. 이런 케이스에서는 놀랄 정도로 시간이 빨리 지나가기 마련이다. 그럼에도 불구하고 이 젊은 사원은 서점에 들어가 거래처 기업의 자료를 뽑으려고 했으니 이것은 무모하다는 말을 들어도 어쩔 도리가 없다.

물론 그 마음가짐은 좋다고 평가하고 싶다. 그러나 결과적으로 늦게 도착하여 상사를 기다리게 하였고, 마음의 여유도 없었으니 시간의 사용법이 서툴다고 지적 받아도 반론의 여지가 없다. 그러면 왜 젊은 사원은 이와 같은 미스를 범하고 말았을까. 그 원인으로서 생각할 수 있는 것이 '시간의 길이의 착각' 이다.

젊은 사원이 약속시간 몇 분 전에 도착하였는지 정확히는 모른다. T씨의 말에서 추측하면 처음에는 약속시간보다 30분 이상 일찍 도착했다고 생각할 수 있다. '상사는 아직 약속 장소에 오지 않았으니, 약속시간까지 유효하게 사용하자' 라는 생각으로 서점으로 가서 자료 조사를 하고 있었던 것 같다.

이 때 젊은 사원이 명심해야 했던 것은 아무튼 상사보다 먼저 도착해 있어야 한다는 점이다. 그것이 비즈니스 사회에서 최소한의 상식일 것이다.

그러면 만약 여러분이 이 젊은 사원이었다면 어떻게 했을까? 가까이 있는 서점에서 자료를 조사하고 있을 때 무엇을 유의하고 있었을까? 내가 그였다면 아무튼 시계만 본다. '음, 아직 약속시간까지는 20분이나 있구나. 그렇다면 앞으로 5분은 시간을 사용할 수 있겠군' 하고 시계를 보면서 자료를 찾는다. 물론 그 후는 1분마다 시계를 보는 것이다. 이렇게 하면 약속시간에 늦을 우려는 없다.

시간의 흐름은 심통 사납게 되어 있다고 말했는데 그것은 인간이 느끼는 시간의 길이다. 물론 물리학적으로 말하면 1시간의 길이는 언제 어디서나 변함 없다. 그러나 거기에 '인간의 마음'이 미묘하게 작용하면 심리적인 시간의 길이는 확 변하게 된다. 이것이 시간의 착각의 함정이다.

아무쪼록 그 함정에 빠지지 않도록 '바쁠 때일수록 착실히 시간을 보는' 습관을 익히도록 권하고 싶다.

잊어서는 안 될 시간술

● 시간의 다중 사용 '……면서 족'을 이용하면 주어진 시간은 2배가 된다.

❷ 짧은 시간은 우선 이용법을 차분히 생각하고 긴 시간은 우선 행동해 보면 좋다.

❸ 이동시간도 사용법 하나로 유효 시간으로 다시 태어난다.

❹ 어차피 할 것이라면 '일부러' 하지 말고 '하는 김에' 하면 좋다.

❺ 지나간 시간은 후회하지 말고 마음을 새로 바꿀 것.

❻ 바쁠 때일수록 아무튼 시계를 보는 습관을 익힌다.

Chapter 02

시간에 쫓길 것인가
시간을 쫓을 것인가

'바쁘니까 즐겁다'를 실감할 수 있는 시간술

잠자고 있는 시간을 되살리는 방법

사람은 각각 생활하는 시간대가 정해져 있는 법이다. 생활 습관이란 무서운 것이어서 우리들은 본인이 자각하든 않든 모름지기 한 생활 패턴에 끼여서 생활하고 있는 경우가 많다.

내가 아는 T씨는 골프를 대단히 좋아한다. 비가 내려도 골프장에 달려갈 정도로 골프에 '열심'인데, 이것은 그런 T씨에게 들은 이야기다. T씨는 1년 내내 하루도 빠짐없이 골프를 하지만, 그의 동료들은 모두 70세 가까이 되었기 때문에 한여름의 따가운 햇볕이 내리 쬐는 날이나 한겨울의 얼어붙을 듯이 추운 날에는 플레이를 싫어하는 경우가 많다.

그런데 T씨는 그런 기상 조건에 질 정도로 '연약한' 골퍼와는 다르다. '토너먼트에서는 덥고 추운 것을 가리고 있을 수 없다. 골프란 자연을 상대로 하는 스포츠이기 때문에 오히려 냉혹한 자연 환경 쪽이 골프 하기 좋은 날씨라고 말할 수 있는 것이다' 라며 프로 골퍼도 아닌데도 이상한 이치를 내세운다.

어떤 한겨울 날, T씨는 평소와 같이 골프장에 갈 것을 기대하고 잠에서 깼는데 밖은 공교롭게도 하얀 눈으로 덮인 은세계였다. 비가 약간 내려 있는 날씨라면 골프장이 폐쇄하는 일은 없지만 그린필드에 눈이 쌓여 버리면 퍼팅을 할 수 없기 때문에 눈오는 날이면 골프장은 쉰다.

전에도 몇 번 이런 일이 있었는데 T씨는 이런 날이면 늘 '심통나서 누워 버리는 날' 로 정하고 있다. 골프를 할 수 없다면 '다시 자는 것' 이 제일이라는 듯이 다시 이불 속으로 들어가 있었던 것이다.

그런데 이 때는 왠지 잠이 오지 않았다. 어젯밤 늦잠 자면 안된다는 생각에 일찍 잔 것이 화근이었는지 좀처럼 잠이 오지 않았다. T씨는 개인 설계사무소를 경영하는 사장 겸 설계사였는데 '일이라도 할까' 하는 생각에 약간 가라앉은 기분으로 책상에 앉았다. 그런데 뜻하지 않는 일이 일어난 것이다.

벌써 79세 가까운 나이라, 최근에는 젊은 설계사의 일을 검토하는 것이 주 업무로, 자신이 스스로 설계하는 일은 드물었다. 그런데 이 때만은 잇따라 새로운 아이디어가 떠올라 일이 척척 진행되었다.

원래 야간형인 T씨는 사원이 퇴근하는 저녁 6시경부터 자신의 일을 하는 경우가 많았다. 그리고 9시 정도가 되면 반짝이는 네온 불빛을 찾아 거리로 나가는 그런 생활을 30년 가까이 계속하고 있었기 때문에 그것은 자신의 이상적인 생활 패턴 요컨대 이상적인 시간의 배분이라고 믿고 있었다. 다만 60세를 지날 무렵부터 일의 페이스가 오르지 않는 경우가 많아 그것이 최근의 고민거리였다.

그런데 아침부터 일을 하고 보니 마치 다른 환경에서 일을 하고 있는 것 같은 감각에 사로잡혀 일이 진척되었던 것이다.

"선생님, 이런 일이 있군요. 시간이라고 할까 시간대의 불가사의를 절실히 느꼈습니다." 라고 말하는 T씨에 대해서 나는,

"그거 다행입니다. 틀림없이 T씨 속에서 잠자고 있던 '시간 센서'가 일찍 일어난 것을 계기로 스위치가 켜졌을 겁니다. 매장된 금이 아닌 매장된 시간을 찾아낸 겁니다. 당분간 그 생활 패턴을 계속하면 어떻겠습니까?" 하고 충고했다.

02 여러 가지 시간의 사용법에 도전해 본다

이것은 T씨에 한하는 문제가 아니다. 나 자신도 그렇지만 사람이란 비교적 정해진 생활 시간대에 묶여 있는 경향이 있다. 일하는 시간, 식사시간, 여가 시간 등이 패턴화 되어 있는 사람이 많다. 습관화된 시간을 무리해서 변경할 필요는 없지만 때로는 기분을 바꿔서 심야의 1시간을 독서로 돌려 보거나 일찍 일어나서 산책하여 보면 뜻밖의 발견을 할 수 있을 것이다.

이와 같이 지금까지 별로 사용하지 않았던 시간대에 생활의 일부를 시프트(근무 체제 등의 임시적 변경)해 보는 것도 하나의 방법이다. 만약 그렇게 해 보고 자신의 리듬에 안 맞는다면 본래의 생활 패턴으로 돌아가면 된다.

앞에서 말한 T씨만 해도 '아침형 예찬'은 어디로 가 버렸는지 어느 새 이전의 야간형으로 돌아가 버렸는데 그 변명을 다음과 같이 하고 있다.

"밤의 교제 요컨대 술좌석이 있게 되면 일찍 일어나기 힘들었지만 그래도 몇 개월은 계속하고 있었는데 수면 부족이 되어 버렸기 때문에 야간형으로 되돌아갔습니다. 하지만 일이 순조롭게 진척된 경험을 잊을 수 없어서 때로는 일찍 일어나서 일을 하는 경우도 있습니다. 그런 의미에서는 난 아침형과 야간형의 겸업형이라고나 할까요, 하하하."

　T씨의 밝은 웃음소리를 듣고 이것도 좋은 방법의 하나라고 생각했다. 시간을 잘 사용하는 법이라고 해서 그 방법을 자로 잰 듯 규정할 것은 아니다. 각기 사람에 따라서 이상적인 시간의 사용법은 다르기 때문에 하나의 방정식에 모든 것을 적용하는 것은 필경 무리가 있다.

　그것보다 여러 가지 시간의 사용법에 도전하여 자신에게 맞는 방법을 발견하는 것이 현명할 것이다.

　아침형과 야간형을 번갈아 받아들이는 방법도 좋을 것이다. 평소의 습관을 너무 고집하지 말고 부드러운 머리로 시간을 파악하는 것이 좋은 결과가 나오지 않을까 한다. 그렇게 하면 지금까지 상상도 하지 못했던 시간 이용법과 만나게 될 것이다.

시간이 시간을 낳는 '바쁜 사람'이 되자

⬛ 바쁜 것은 인간을 행복하게 한다

"요즘 어때?"

"그럭저럭 지내고 있지." 라는 인사를 하는 사람도 많이 있을 것이다.

"요즘 어때?"라는 말 속에는 "어때, 돈 좀 벌고 있나? 바빠? 건강해? 가족은 별일 없나?"라는 내용이 포함되어 있을 것이다. "그럭저럭 지내고 있지"라는 대답은 긍정도 부정도 아니라는 것일까.

"요즘 어때?"라고 물을 때 듣고 싶은 대답은 "바쁜가, 바쁘지 않은가?"의 의미가 강할 것 같다는 느낌이 든다. 직업을 가지고 있는 사람이 친구나 아는 사람에게 전화했을 때 상대에게 확인하고 싶은 것은 '바쁜 정도'인 경우가 많다.

그 대답이 적당히 바쁜 상태일 때 상대방이 가장 안심하게 되는 것이 아닐까. '바빠서 눈코 뜰 새가 없어, 몸이 몇 개 있어도 도저히 당해낼 수 없을 정도야' 하고 초췌한 목소리를 듣게 되면 걱정될 것이고 반대로 '한가해서 짜증 날 정도야, 이건 정리해고 후보에서 일순위야'라는 말을 들어도 대답이 궁해진다. 30대 후반에서 40대 이후의 한창 일할 나이의 사람이라면 적당히 바쁜 것이 이상적일 것이다.

다만 '궁극적인 선택'은 아니지만 내가 바쁜 것과 한가함 양자에서 하나를 택한다면 주저 않고 바쁜 것을 선택한다. 물론 80세를 지난 지금은 너무 바쁜 시간이 계속되는 것은 사양하고 싶지만 한창 일할 나이라면 절대적으로 바쁜 것이 좋다.

그것의 최대 이유는 '바쁜 것은 인간을 연마'하기 때문이다. 혹은 '행복하게 한다'고 바꿔 말할 수도 있을 것이다.

친구끼리 모였을 때 '말도 마, 너무 바빠서 말이야, 질리겠어'라고 말하는 타입은 대개 혈색이 좋고 활력이 넘치고 있는 인상이 대부분이며 공사에 모두 충실하다는 분위기가 강하다. 한편, '너무 한가해'라고 한숨 쉬고 있는 사람은 어딘지 모르게 맥없이 풀이 죽어 있다. 적어도 '한가해서 행복해'라는 인간을 나는 만난 적이 없다.

이 차이가 어디서 오는가 하면 바쁜 사람은 시간에 의해서 적당하고 기분 좋은 자극을 받고 있기 때문에 심신이 충실해 있는 것이다.

시로야마 사부로 씨의 대표작에 은퇴한 샐러리맨을 다룬 《매일이 일요일》이라는 작품이 있다. 하지만 바라지도 않는데 《매일이 일요일》적인 생활은 괴롭다. 시간에 전혀 쫓기는 일이 없고, 뭔가에 몰두하는 일도 없는 인생은 마치 사막과 같이 무미건조하다고 말할 수 있다.

●2 양질의 시간은 좋은 친구를 부른다

나의 경우 역시 나이가 들면서 외래 진찰 시간을 줄였으나 약 1년 전까지는 1주일에 2회는 외래 진찰을 하고 있었다. 진찰하는 날은 아침 9시부터 진찰을 시작하고 늦은 때는 저녁 5시 정도까지 환자를 보고 있던 적이 있다. 점심을 먹을 시간도 변변히 없고 차나 우유밖에 먹을 수 없을 때도 있었다.

환자들 중에는 '선생님이 바빠서 쓰러지는 게 아닐까' 하고 걱정해 주는 사람도 있었는데 나는 건강하다. 가족이나 주위 사람들은 약간 조마조마 하고 있었던 것 같은데 나는 좀더 바빠도 좋을 정도였다.

나는 결코 일 중독(workaholic)은 아니지만 한가한 시간을 주체하지 못하기보다 적당히 바쁜 인생이 행복하다고 생각하고 있다. '적당히'라고 말했는데 바쁜 것은 '정도'와 '질'이 있다는 것은 별로 알려지지 않았다. '정도'는 새삼 설명할 필요는 없을 것이다. 바쁜 쪽이 충실감이 있다고는 하지만 심신이 녹초가 될 정도로 바쁜 것은 논할 바가 못 된다.

그러면 '질'은 어떨까? 한 마디로 '바쁘다'는 것에도 두 종류가 있다는 것을 알고 있는가? 바로 '시간에 쫓기는 바쁨'과 '시간을 쫓는 바쁨'이다. 바꿔 말해서 '시간을 소비하는 사용법'과 '시간을 창조하는 사용법'이 될 것이다.

대부분의 사람은 '시간에 쫓기는 바쁨'을 체험하고 있겠지만 솔직히 말해서 이 상황은 견디기 힘들다. 일 관계로 시간에 쫓기고 있는 나날이 계속되면 과로사가 되어 버릴지도 모른다. 이것은 다시 말해서 시간을 소비하는 사용법이며, 여기에는 시간을 사용하는 의미가 적다. 시간이 '사람을 키우는 비료'가 되어 있지 않은 것이다.

한편, '시간을 쫓는 바쁨' 중에는 사는 충실감이 있다. 단순히 시간이 지나가는 것뿐만 아니라 시간이 시간을 낳는 감각을 얻을 수 있다. 자신이 시간을 컨트롤하면서 생활이나 일을 할 수 있게 되는 것이다.

이런 타입의 '바쁜 사람'은 바쁜 것이 마치 비타민제와 같은 활력이 되며 또 능력을 높일 수 있다. 그렇게 되면 이상하게도 업무상의 찬스가 더욱 많아지고 그것으로 인해 점점 스킬 업(기술 향상)하는 경향이 있다.

이른바 생활이나 일의 순환이 좋아지게 되는데 그것은 결코 우연히 떨어지는 것이나 단지 운이 좋아서가 아니다. 찬스가 많아지는 것은 당연한 것이다.

왜 그렇게 되는가 하면 사람은 유유상종하기 때문이다.

'시간을 쫓고 시간을 창조'하는 타입의 친구들도 대체로 같은 타입인 경우가 많다. 직업을 갖게 되면 필연적으로 같은 시간대에서 생활하는 사람과 친해지게 되는 것이 세상사이며 좋은 의미에서 바쁜 사람은 친구, 지인에게도 충실한 시간을 보내고 있는 사람이 많다. 이것은 주위를 둘러보면 알 수 있는 것이며 '한가합니다'라고 원기가 없는 인간의 주위에 바쁜 사람은 모이지 않는다.

그 결과 바쁜 사람의 주위에는 점점 바쁜 사람이 모이게 되며, 그런 사람끼리 서로 절차탁마(뜻을 같이하는 친구끼리 서로 돕고 격려하여 진보 향상되어 감)하는 것이다. 서로에게 자극함으로써 능력

은 더욱 연마되며 좋은 의미에서의 라이벌 관계도 생길지 모른
다. 시간의 사용법을 순풍으로 하여 인생의 찬스를 부풀려 나가
는 것은 충분히 가능한 것이다.

바쁠 때
한가로운 시간을 낳는 요령

🔲 생활 속의 로스타임을 없애자!

이상적인 '바쁜 사람'과는 반대인 '한가한 사람'에게는 역시
'한가한 사람'만이 모이게 된다. '소인(덕이 없는 사람)이 한가하
면 자칫 나쁜 짓을 한다(小人閑居 不善成:대학)'라는 명언은 정말로
정곡을 찌르고 있다. 한가한 시간을 주체하지 못하는 사람 치고
변변한 사람 없다. 또 한가한 사람의 친구만 모이면 사태는 최악
이다. 도저히 능력을 연마할 수 있는 환경이 아니다.

그런데 바쁜 쪽이 좋다고는 하지만 숨 돌릴 시간 다시 말해서
한가한 시간도 설정해 두지 않으면 멋이 아니라 숨차게 된다. 우
울증이 늘어나고 있다는 말을 했는데 바쁜 시간이 연속되면 우울
증 상태를 가져오게 하는 경우는 결코 적지 않다.

그러나 그렇다고는 하지만 바쁜 때 한가한 시간을 만드는 것은 쉬운 일이 아니다. 바쁘다= '시간이 없다' 라는 것이기 때문에 그런 상황하에서 한가한 시간을 만들라고 하는 것은 모순된다고 말할 수 있다. 하지만 어떻게든 시간을 변통하는 것이 '시간의 달인' 이라 할 수 있을 것이다.

당신은 어떨까? '그런 말을 해도 무리야. 바쁠 때는 바쁘다. 가만히 머리 숙이고 '바쁜 시간' 이 지나가 버릴 때를 기다리는 것이 현명할 거야' 라는 식으로 연약해져 있지는 않은지. 만약 그런 생각을 가지고 있다면 지금 즉시 고치는 것이 좋다. 우물쭈물하고 있으면 바쁘다는 핑계로 우울증에 걸리기 쉽다.

그러면 아주 바쁠 때 어떻게 한가한 시간을 만들면 되겠는가……. 요즘 나는 텔레비전에서 축구 경기를 보다가 '과연 그렇구나!' 하고 무릎을 친 적이 있었다.

일본의 대표선수가 강해진 탓인지 요즘은 축구 시합을 텔레비전에서 방영하는 일이 상당히 많아졌다. 나도 가끔 채널을 맞출 때가 있는데 축구라는 스포츠의 특징은 '로스타임(부상 선수 처치 등으로 허비한 시간)' 이라는 룰이 있다는 것이다.

축구에 대해 잘 모르는 사람에게 설명하면 축구 시합 시간은 통상 전후 반 45분씩 모두 90분이다. 그런데 선수가 상대와 부딪쳐서 쓰러지거나 부상을 입으면 그 동안은 심판이 시계를 멈추게 되는데, 그 멈춘 시간만큼이 '로스타임'으로서 90분에 가산된다. 대체로 한 시합에서 5, 6분의 로스타임이 생기는데 이 시간은 선수에게 있어서 '헛된 수고(일)'이며 본래는 플레이하지 않아도 되는 시간이다.

이 축구 경기의 로스타임을 보고 있다가 나는 '우리의 생활에도 로스타임이 있다'고 직감했다. 휴식을 위해 혹은 심신을 재충전하기 위한 시간이기 때문에 의미가 있지만 단지 헛되게 낭비하는 시간이라고 한다면 그것은 시간을 시궁창에 버리고 있는 것과 같은 무의미한 로스타임이다.

❷ 집중력이 헛된 시간을 해소한다

그러면 로스타임을 없애기 위해서는 어떻게 하면 되겠는가? 이 대답은 간단하다. 예를 들면 업무중이라면 시간 내에 일을 마치도록 집중할 것이 요구된다. 집중력을 높이는 것이 업무상의 로스타임을 없애고 '헛된 수고'를 해소할 수 있다.

마케팅 컨설턴트로 활약 중인 니시카와 류지 씨도 집중력의 중요성을 역설하는 사람 중 하나인데, 그가 쓴 한 잡지의 인터뷰 기사를 읽고 나는 탄복하지 않을 수 없었다.

'시간을 잘 사용하는 요령은 우선 집중하는 것이다. 일할 때는 일하고, 놀 때는 논다. '인생, 우물쭈물하고 있을 만큼 길지 않다'라는 격언이 있는데 우물쭈물하고 있다는 것은 정신적으로도 좋지 않으며, 막다른 골목에 몰려서 고민하기보다 빨리 마음을 전환하여 건설적, 적극적으로 해 나가는 방법을 생각해야 한다' 는 것이 주된 내용이었다. 이것을 보면 바쁜 니시카와 씨의 현명한 시간 사용법을 잘 알 수 있다. 일에 집중함으로써 일과 노는 시간을 명확히 하면 스트레스는 쌓이지 않고 정신적으로도 항상 좋은 상태를 유지할 수 있을 것이다. 이런 심리 상태의 사람은 우울증 같은 마음의 병에 잘 걸리지 않는다고 말할 수 있다.

집중력이라고 하면 프랑스의 물리학자 퀴리 부인도 유명한데, 그녀는 어렸을 때부터 주위 사람들 누구나 인정할 정도로 집중력이 높고 독서 중에 무슨 말을 걸어도 좀처럼 깨닫지 못했다고 하는 에피소드가 있다. 방사능의 연구 등 그녀의 여러 가지 위대한 업적은 이 높은 집중력과 무관한 것은 아닐 것이다.

또 한 사람, 집중력으로 생각나는 사람이 전 NHK 아나운서인 스즈키 켄지 씨다. 스즈키씨는 굉장히 바쁜 스케줄로 유명했는데 가장 바쁠 때는 본업인 텔레비전 출연 외에 잡지 연재가 11건, 또 대담도 하고 강연회에 나가 강연도 하고 있었다. 스케줄이 겹쳐

졌을 때는 강연회만 하루에 3회나 해냈다고 하니 상상도 할 수 없다.

또 스즈키씨는 유명한 '후데마메(편지를 부지런히 자주 씀: 소프트웨어 이름)' 시청자가 보내온 편지에는 반드시 답장을 쓰고 있었다고 한다. 그 수는 많을 때는 50통 이상이었기 때문에 읽는 것만으로도 어지간히 고생해야 하는데 일일이 답장까지 보내고 있었으니 그는 도대체 어떻게 시간의 변통을 하고 있었을까.

스즈키씨는 이렇게 말하고 있었다.

"스케줄을 짤 때 비록 1분이라도 간격을 두지 않는 주의다. 숨을 돌리는 것은 뜨겁게 달아오른 엔진을 모처럼 식히는 일일뿐이니까."

대단히 높은 집중력을 보여준 코멘트다.

03 그 생각이 로스타임을 증폭시키고 있다

앞에서 기술한 바와 같이 업무중에 적당히 숨을 돌리는 것은 중요하다. 자신의 능력 이상으로 업무량을 늘리면 심신이 펑크 나버리는 것은 뻔한 일이다. 그런데 숨 돌리기만 하고 있거나 커피 타임만 가진다면 능률은 저하될 뿐이다. 집중해야 할 때는 전심을 기울여 집중하는 것이 시간을 유효하게 이용하는 것과 결부된다.

일본인의 특성의 하나로 '근면성'을 들 수 있는데 이에 대해 나는 적지 않게 의문을 가지고 있다. 착실히 회사에 다니고, 회사에 대한 충성심이라는 면에서는 분명히 근면하다고 말할 수 있을지 모르지만, 매일의 일하는 태도, 시간의 사용법에 있어서 집중력은 외국인 쪽이 뛰어나다는 느낌이 든다.

좋은 예가 외자계의 기업이다. 이것은 한 아르바이트 대학생에게 들은 이야기인데 외자계 기업의 패스트푸드점에서는 해야 할 일이 잇따라 있기 때문에 한순간도 쉬고 있을 여유가 없고, 게다가 일이 끝난 후에도 미팅이 있어서 가게를 나올 때는 항상 피곤해 녹초가 된 상태였다 한다. 물론 휴식시간은 정확히 취할 수 있지만 일하는 중에는 거의 '로스타임'이 없다.

이것은 어떤 외자계 기업에 근무하는 사람에게 들은 이야기인데 미국에서는 귀가 시간을 먼저 정하고 그 때까지 일을 마치게 하려고 필사적으로 일하는 것이 당연하다고 한다.

회의에서도 종종 서두에서 '이 미팅은 30분 이내에 마치도록 합시다' 하고 제안하는 일이 흔히 있다고 한다. 만약 회의 중에 이야기가 빗나가거나 하면 '그 이야기는 흥미가 있긴 하지만 주

제와는 벗어나기 때문에 만약 시간이 남으면 그 때 다시 이야기
합시다. 만약 시간이 없으면 다음 기회에⋯⋯' 라고 미루는 경우
가 많다. '시간은 돈이다' 라는 감각이 철저한 것이다.

　하지만 일본에서 퇴근 시간은 '일이 끝나고 나서' 혹은 '일단
락 짓고 나서' 가 압도적 다수다. 회의에서도 당연히 시간을 낭비
하고 있는 것을 보면 '시간은 돈이다' 라는 감각은 거의 찾아볼 수
없다. 이와 같은 시간에 대한 허술함이 '로스타임' 을 증폭시키고
있다고 말할 수 있을 것이다.

집중할 수 있는 시간을
어떻게 만드느냐가 포인트

🔲 닛산 곤 씨의 시간 활용술

외자계 기업의 이런 철저한 시간 관리는 훌륭하며 일과 휴식의 구별이 대단히 명확하다. 질질 끌려가듯이 잔업을 하는 것은 자칫하면 '무능한 사원'의 낙인만 찍힐 뿐이다. 그러므로 사원은 잔업을 하지 않도록 일하는 중에는 될 수 있는 한 집중하는 것이다. 합리주의가 철저한 외국 기업이 아니면 안 될 노무 관리라 말할 수 있을 것이다. 그런 점에서 아직 '잔업을 하는 사원은 일을 열심히 하는 사람이다'라고 평가하는 사고가 남아 있는 일본 기업은 의식이 늦어지고 있다.

외자계 기업은 아니지만 이런 집중하는 근무 태도에서 생각나는 사람이 바로 닛산의 카를로스 곤 사장이다. 빈사 상태라는 말까지 듣고 있던 닛산을 경이적인 스피드로 회복시킨 주역 곤 씨는 바로 집중력을 전면에 드러낸 업무 태도로 화제가 되고 있다.

곤 사장은 이른바 '아침형 인간'으로 아침 7시30분이면 벌써 본사 사장실에 출근해 있다고 한다. 그 이유를 묻자 '아침이 제일 집중할 수 있다'고 대답했다니 과연 곤 씨답다. 또한 무엇이든 중요한 회의나 인터뷰는 아침부터 시작한다고 하니 놀랍다. 회의에 출석하는 것은 그 회사의 사원뿐이니까 이해가 가지만 취재의 경우는 상대가 제3자다.

그런데 감히 오전 중에 인터뷰를 하는 이유 역시 자신의 머리가 가장 효율적이고 일할 때의 시간대 외에는 취재에 응하지 않기 때문이라 한다. 자신이 제일 집중할 수 있을 때 보다 중요한 일을 처리하려는 곤 씨만의 획기적인 전략을 엿볼 수 있다.

닛산의 부활에는 여러 가지 요소가 있다. 부품 구입비 등 간접비의 압축, 공장의 과감한 *스크랩 앤 빌드(Scrap and build), 사원의 구조 정리, 대담한 신차 공세 등을 들고 있는데 곤 씨가 솔선수범하여 닛산을 이끌었다는 이미지도 크다.

*스크랩 앤 빌드(Scrap and buil): 시스템 전체가 독립성이 높은 구성 부품의 모임으로서 이루어져 있는 경우, 그 속의 필요 없는 요소를 제거하고 새로 필요하게 된 요소를 자유로 부가할 수 있는 것.

요컨대 곤 씨는 미디어에 몇 번이고 등장하여 그 때마다 '닛산은 변한다, 닛산은 다시 살아난다' 라는 메시지를 발신해 왔다. 텔레비전, 신문, 잡지 등에 노출하는 빈도는 상당히 많고 그것으로 인해 '닛산은 다시 태어났다' 라는 이미지가 소비자에게 정착했다고 할 수 있다.

　그 귀중한 시간을 가장 집중력이 높은 시간대에 두었다는 것이 곤 씨의 '시간 활용법' 을 말해 주고 있다. 일하는 데 있어서 가장 중요한 과제는 집중하는 것이며 집중할 수 있는 시간에 가장 중요한 일을 하는 것이 곤 씨의 특유한 방법이다.

　일하는 중에는 일에만 집중한다는 철저한 태도는 다음과 같은 에피소드에도 나타나 있다. 닛산 만한 대기업의 사장쯤 되면 점심은 유명한 레스토랑에서 우아하게 식사한다고 상상해도 이상하지 않다. 곤 씨는 프랑스 르노 사의 임원을 겸무하기 때문에 더더욱 '프랑스식 런치' 의 느긋한 식사를 떠올릴 것이다.

　그런데 놀랍게도 곤 씨의 점심은 사원 식당에서 도시락을 먹는 것이 보통이며 시간도 15분 정도라고 한다. 그 말을 들었을 때 순간 나의 귀를 의심했으나 곧 곤 씨라면 그것도 당연하다고 생각했다. 일과 사생활의 구별을 정확히 하는 것이 곤 씨의 특유한 방법이기 때문에 비록 점심이라도 회사에 있을 때는 일을 최우선하는 시간 사용법을 하고 있는 것이다.

일과 사생활을 이렇게까지 구분하고 있는 곤 씨이기 때문에 사생활을 희생하는 잔업은 거의 하지 않는다. 퇴근 시간은 어지간한 일이 없는 한 19시라고 한다. 물론 돌아가는 길에 한 잔 걸치며 일에서 벗어나 기분 전환하는 샐러리맨과 같은 시간의 사용법도 하지 않는다.

사생활로서는 훌륭한 아빠 노릇 하는 것으로도 유명한 그는 아침 6시경에 일어나서 아이들과 논다고 한다. 저서 《르네상스》에서 '귀가하면 일은 집으로 가져오지 않는 주의다'라고 기술하고 있는데, 그 업무량의 막대함은 상상도 할 수 없다. 그럼에도 불구하고 일을 집으로 가져가지 않고 처리할 수 있는 것은 회사에서 얼마나 집중하여 일하고 있는가를 알 수 있는 것이다. 결코 과장된 것이 아니고 곤 씨의 일하는 태도는 1분도 '로스타임'이 없을 것이다. 집중하는 습관이 현재의 곤 씨를 받쳐 주고 있다고 해도 과언이 아니다.

⑫ 스케줄은 '작성하는 것'보다 '실천'이 중요하다

그런 곤 씨의 스케줄 표를 한 번 보고 싶어하는 것은 나만은 아닐 것이다. 틀림없이 약간 큰 스케줄 표로는 부족할 정도로 스케줄이 빈틈없이 채워져 있을 것이며, 틀림없이 그것들을 소화시키고 빡빡한 스케줄을 처리해 나가기 위해서는 집중력이 불가결할 것이다. 분명히 멍하니 있다면 과밀한 일정은 도저히 처리하지 못한다.

시간을 유효하게 이용하기 위해서는 스케줄 표의 작성, 관리, 실천이 중요하게 된다. 내가 젊었을 때 스케줄 표라 해야 고작 수첩이 있을 정도였다. 나는 오랫동안 분게이슌주사(文芸春秋社)의 '분게이 수첩'을 애용하고 있었는데 요즘은 수첩의 종류도 훨씬 많아져서 다이어리나 큼직한 스케줄 수첩만으로 넓은 매장을 할애하고 있는 전문점도 볼 수 있다. 또 컴퓨터나 전자 수첩 등으로 스케줄을 관리하고 있는 사람도 늘어나고 있는 것 같다.

스케줄은 시간을 유효하게 이용하는 데 불가결한 것이지만 시간을 잘 사용하는 사람은 스케줄 작성에도 독자적인 궁리를 하고 있다. 앞에서 스케줄 표의 작성, 관리, 실천이라고 기술했는데 스케줄을 생각하는 데 있어서 가장 중요한 것을 알고 있는지 모르겠다. 그것은 바로 실천이다. 당연한 대답이지만 그런데 최근에

와서 아무래도 그렇지 않은 것 같은 분위기가 있다.

앞에서 다이어리나 스케줄 수첩 등의 종류가 늘어났다는 말을 했는데 세상에 그런 도구들의 정보만이 앞서가고 있는 것 같은 느낌이 든다. 종이의 질이 좋고 컬러로 되어 있어서 사용하기 좋은 다이어리나 스케줄 수첩이 많이 나돌고 있는데 중요한 것은 그것들을 사용하는 것이 아니라 거기에 기재된 스케줄을 부족함 없이 소화시키는 것이다.

그럼에도 불구하고 '다이어리는 이런 타입을 권한다' 느니 '이런 신제품이 등장했다' 느니 하는 정보만 앞서고 있다고 개탄하는 것은 나쁜일까. 개중에는 마치 스케줄만 기능적으로 작성하면 그것으로 일을 잘한다, 시간을 잘 사용할 수 있다고 착각하고 있는 사람도 있는 것 같은데 이것은 더 없이 어리석은 일이다. 스케줄을 작성, 관리하기보다 중요한 것은 실천이라는 것을 소리 높여 말하고 싶은 것이다.

03 스케줄이란 시간을 유효하게 사용하는 '도구' 다

그런 나의 마음을 대변해 주는 인터뷰 기사를 발견했다. 그 사람은 바로 맥킨제이 앤 컴퍼니(Mckinsey & Company)의 시니어 (senior) 전문가인 카와모토 유코 씨로 외자계 기업에 근무하고 있기 때문에 시간에 대한 합리적인 사고 방식을 갖게 된 것일까. 그런 점은 불명하지만 그녀의 이야기는 충분히 들을 만한 가치가 있다.

"아이가 둘 있기 때문에 일반적인 비즈니스맨에 비해 예비 시간이 압도적으로 적습니다. 한 가지 마감 기일이 늦어지면 바로 이어서 지장이 옵니다. 때문에 정해진 스케줄을 정확히 지키도록 유의하고 있습니다. 예를 들면 '이 2시간 안에 이 원고를 쓴다' 고 정했으면 정말로 그 시간에 마치도록 필사적이 됩니다."

요컨대 스케줄이란 일을 원활하게 추진하기 위한 혹은 시간을 유효하고 합리적으로 사용하기 위한 고작 '도구' 에 불과하며 스케줄 작성, 관리가 아니다. 그 점을 카와모토 씨는 훌륭하게 알아서 실천하고 있다. 비록 나는 그녀에 대해 잘 모르지만 틀림없이 시간을 잘 사용하는 사람임에 틀림없다. 그렇게 생각하게 하는 것은 인터뷰 기사에 다음과 같은 말이 있었기 때문이다.

"~일에 모든 시간을 사용하는 사람들은 '사치스럽고 부럽게' 느껴집니다. 술을 마시면서 동료와 푸념을 늘어놓는 시간은 '느릿느릿 보내는 시간' 이 아니라 '가치 있는 사치품' 일 것입니다. 때문에 '시간을 사용하는 것이 서툴다' 고 자책할 필요가 없습니다. 나도 10여 년 전에는 새벽녘까지 회사에서 일을 했었습니다."

어떻게 생각하는가. 시간에 대한 확고한 방침을 가지고 있는 한편, 결코 시간에 속박되지 않고 오히려 비즈니스와 사적인 시간에 대해서 여유를 가지고 접하고 있는 모습이 보인다. 그녀는 틀림없이 일을 잘하는 유능한 사람일 것이다. 그것은 시간의 사용법이 평범한 사람보다 몇 단 뛰어나 있는 것으로 알 수 있다.

잊어서는 안 될 시간술

❶ 생활이 패턴화 되어 있는 사람은 여러 가지 시간의 사용법에 도전하자.

❷ 시간은 '소비'하는 것이 아니라 '창조'하면 활력이 된다.

❸ 집중력을 높임으로써 생활의 로스타임을 없애자.

❹ 마땅히 해야 할 것은 비록 1분이라도 간격을 두지 말 것.

❺ 시간 사용의 달인은 결코 시간에 속박되지 않는 여유와 자기만의 방침을 가지고 있다.

m e m o

Chapter 03

꿈을 실현시키는
시간 만들기의 포인트

이런 시간의 사용법도 있었던가!

스케줄을 잘 작성하는 사람, 서투른 사람

🎲 히노하라 선생의 과밀 일정에서 배운다

세상에는 바쁜 사람이 산더미만큼 있지만 90세를 넘은 지금도 현역으로 일하고 있으며 나아가서 격한 업무를 그렇게까지 잘 해내고 있는 사람은 이 사람뿐이 아닐까 한다. 그 사람은 바로 세이로카(聖路加) 국제병원의 이사장이며 현역 의사인 히노하라 시게아키(日野原重明) 선생이다.

텔레비전이나 잡지 등에도 가끔 등장하고 있는 선생의 바쁜 모습은 널리 알려져 있을 것이다. 나도 나이에 비해 건강하다고 생각했었는데 그의 스케줄을 잡지에서 한번 보고 나서는 정말 새삼 놀랐다. 그 한 부분을 소개하는데 이 스케줄보다 과밀한 스케줄을 처리하고 있는 사람은 그렇게 많지 않을 것이다.

우선 아침은 5~7시에 기상. 전날 밤, 잠자리에 드는 시간에 따라 기상 시간이 약간 달라지는 것 같다. 병원에는 매일 8시에 나가 평균 밤 8시에 귀가. 물론 그 동안에는 병원에서 일하고 있다.

저녁식사 후에는 신문을 읽고 필요한 자료를 체크한 후, 기타 10~20통의 편지, 엽서를 훑어보고 책이나 잡지도 읽는다. 이것들에 요하는 시간이 1시간30분에서 2시간이라고 한다. 그런데 11시30분 경부터 집필을 2~3시간 하고, 1주일에 1회는 밤을 샌다고 하니 그 강인한 태도는 정말로 믿을 수 없다.

선생에게 들어오는 집필 의뢰는 잡지, 단행본 등 끊이지 않는 모양이며 사실 베스트셀러도 너무 많아서 일일이 셀 수가 없다. 당연히 심야만의 집필만으로는 시간이 모자라서 쓰다 남은 원고는 차 안이나 비행기 안에서도 쓰고 있다 한다. 나도 바쁠 때는 원고 용지나 교정쇄를 손에서 뗄 수 없을 때도 있지만, 90세를 넘어서 아직도 이만한 일의 양을 해낸다는 것은 '대단하다' 라는 말밖에 할 수 없다.

만약 히노하라 선생의 일정을 정밀히 스케줄표에 기재하면 틀림없이 예정이 빈틈없이 차 있고 지면은 새까맣게 되어 있을 것이다. 매일이 한가롭고 방종한 생활에 친숙해진 사람이 본다면 기겁을 하고 말 것이다. 제1선에서 열심히 일하는 비즈니스맨이라도 90세 지나서 이 정도로 일할 수 있는 자신은 없을 것이다.

히노하라 선생이 90세가 넘어도 현역으로 일할 수 있는 배경에는 여러 가지 요인이 있겠지만 그것들은 단순한 장수법에 그치지 않는다. 장수법이란 '건강하게 장생하는 것'이 주요 테마가 된다. 그러나 히노하라 선생의 현재를 받쳐 주고 있는 식생활 등의 '생활술'은 노인용이 아니라 현역으로 지금도 일하는 사람용이다.

때문에 히노하라 선생은 파워 풀로 생활할 수 있는데 그 상세한 것은 뒤에서 소개하기로 하고, 특히 스케줄에 관해서 말하면 과밀하다고 생각할 수 있는 스케줄 자체가 히노하라 선생의 지금을 받쳐 주고 있다고 말할 수 있다. 요컨대 빈틈없이 꽉 찬 예정이 히노하라 선생의 에너지원이며 그것을 처리해 감으로써 선생의 삶의 파워는 점점 강해지고 있는 면이 있다.

나는 전립선 비대 수술을 2회 정도 세이로카 병원에서 한 적이 있는데 그렇게 바쁜 히노하라 선생이 일부러 내 병실로 문병 온 데에는 놀랬다.

듣기 거북한 말이지만 이래서는 '노인 학대'라는 반론이 있을지 모른다. 분명히 90세 넘은 사람을 잡고 과밀한 스케줄 속에서 일하는 것이 머리도 몸도 상쾌하다고 말하는 것은 당치않은 말이다. 젊은 사람처럼 아니 그 이상으로 일할 수 있는 것은 히노하라 선생과 같은 일부 사람에 한한다.

02 스케줄 표는 빈틈없이 꽉 채우자

그런데 그와 같은 파워가 있는 사람들로서는 오히려 과밀하다 할 정도의 스케줄을 가진 것이 보다 정력적으로 살 수 있다는 것을 기술해 두고 싶은 것이다. 만약 지금 히노하라 선생에게서 많은 예정을 박탈하고 느슨한 스케줄을 건네주면 여기저기 몸 불편한 데가 나오게 될지도 모른다. 선생처럼 많은 사람이 원하기 때문에 일하고 있는 사람은 행복하며 그 상징이 '새까만 스케줄 표' 다.

선생의 생활 방식과 정반대인 것이 일부 정년퇴직한 사람들일 것이다. 60세 정도에서 정년을 맞은 후 아무 일도 하지 않고 연금 생활로 살아간다면 스케줄은 거의 없을 것이다. 전형적인 직장맨이었다면 친구도 회사 관계에 한정되기 때문에 퇴직하면 그들 친구와 만날 기회도 두드러지게 줄게 된다.

살고 있는 지역의 네트워크도 거의 없기 때문에 자원봉사 같은 활동을 하려고 해도 장벽이 너무 높다. 의지할 것은 아내뿐이라는 한심한 상황인데 그 아내도 그런 직장맨 타입의 남편에게 정나미 떨어져 있는 사람이 많다. 이런 타입의 사람은 틀림없이 백지나 다름없는 스케줄 표를 보고 매일 한숨을 쉬고 있을 것이다. 아니, 은퇴하였기 때문에 스케줄 표조차 가지고 있지 않은 사람이 많을 것이다.

퇴직한 사람뿐만 아니라 현역 세대에도 스케줄 표에 하얗게 공백이 많은 사람이 있다. 물론 일의 예정이 많고 적은 것은 직종에 따라서 상당한 차이가 있는 것을 안다. 예를 들면 영업직에서 공백 스케줄이 많은 것은 문제다. 이래서는 일이 될 리 없다.

한편 연구실에 하루 종일 틀어박혀 있는 엔지니어 같은 사람은 애당초 스케줄에 쫓기는 일은 없을지도 모른다. 매일 착실한 연구가 큰 성과를 가져다 주는 직장에서는 스케줄의 항목보다 내용이 승부를 결정한다.

그러므로 일반적으로 스케줄이 없다는 것이 나쁘다는 것은 아니지만 자기 자신이 '요즘에는 아무래도 스케줄 표에 빈 자리가 많구나' 하고 생각하면 주의해야 한다. '한가한 시간이 많아서 좋다' 고 생각하는 사람은 별개 문제지만 그런 사람은 충실한 인생의 행복은 포기하는 것이 좋다. 앞에서도 기술했지만 특히 젊었을 때는 약간 시간에 쫓길 정도 바쁜 것이 행복한 것이다.

그러면 스케줄의 빈 자리가 마음에 걸릴 때는 어떻게 하면 될 것인가? 이때는 무리해서라도 예정을 적어 놓을 것을 권한다. '오늘은 오후 맨 먼저 거래처와 회의. 길어야 고작 2시간이면 되겠지. 회사에 돌아와서 남은 자료 정리가 있지만 이것은 1시간이면 끝난다. 그렇다면 회의 후에 한가한 시간이 생기겠구나. 잘 됐

다, 자유시간이 생기니까 어디 가서 마음대로 행동해 볼까' 하고
기분 좋아서 만족한 미소를 짓고 있는 것은 '무능한 사원'의 전형
일 것이다.

이런 인재는 구조 조정이 급격히 이루어지는 요즘 상황이 아니
라도 '해고'의 위기가 기다리고 있다. 해고되지 않더라도 출세 레
이스에서 벗어나 평생 역경에서 헤어나지 못할지도 모른다. 그것
을 회피하기 위해서는 분발하고 노력하여 스케줄의 공백을 될 수
있는 한 꽉 채우는 것이다.

▣ 약간의 시간으로 유효한 정보를 수집하는 방법

'그렇게 말하지만 써야 할 스케줄이 없는 걸 어떡합니까'라는
우는 소리가 들려올 것 같은데 그 비책은 '아무튼 적어놓는 것'
외에는 없다. 예를 들면 앞의 케이스라면 회의 후에 자신의 일과
관련 있는 곳으로 가서 뭐든 좋으니 데이터나 자료를 수집하는
방법이 있다.

만약 장신구 관계업이라면 백화점의 매장에 가도 좋고 인터넷
카페에서 일에 관한 홈페이지를 검색해도 좋다.

나는 만화 팬이 아니기 때문에 만화방에는 간 적이 없지만 요즘의 만화방은 만화 잡지뿐만 아니라 컴퓨터가 나란히 있고 인터넷을 자유로 사용할 수 있는 모양이다. 지금은 하고자 하면 약간의 시간만 가지고도 유효한 정보 수집을 할 수 있다.

이런 항목을 스케줄 표에 기입해 두는 것만으로 마음가짐이 달라지게 된다.

'아, 아무것도 할 일이 없어서 한가하다' 라고 말하는 것과 '그래, 이 시간을 사용하여 일에 도움이 되는 정보를 수집하자' 라는 것은 기분적으로 하늘과 땅 차이가 있다. 이것이 몇 년 계속되면 시간의 사용법에는 아주 큰 차이가 난다고 할 수 있다.

04 수집한 정보는 문서화할 것

더욱 중요한 것은 정보를 수집하였으면 반드시 그것을 정리, 분석하는 것이다. 한 마디로 '정보 수집' 이라고 하면 자못 대단한 것을 하고 있는 것 같은 인상이 있는데 하지만 잘못하면, 아무것도 하지 않고 시간을 보내고 말 위험성이 있다. '좋다, 오늘은 인터넷에서 도움이 되는 정보를 보았으니까 됐다' 라고 납득해도 실제 일에는 아무런 플러스도 되지 않는 경우가 많다.

그래서 필요하게 되는 것이 수집한 정보의 '재조사' 다. 그 시간을 반드시 사무실에 돌아왔을 때 스케줄화해 둔다. 예를 들면 인터넷 카페에서 수집한 정보가 구체적으로 어떻게 일에 반영될 가능성이 있는지 그것을 문서화하는 것이다.

이렇게 하면 수집한 정보의 가치가 일목요연해진다. 어쩌면 '뭐야, 도움이 될 거라 생각한 정보인데 별로 참고가 안 된다' 라는 케이스도 나오게 될 것이다. 물론 반대로 '뜻하지 않은 곳에서 뜻하지 않은 것이 나오는' 경우도 있을 수 있다. 아무튼 수집한 정보를 평가하는 것이 필요 불가결하다.

이렇게 하여 공백이 눈에 띄는 스케줄 표에 정보 수집과 그 정리, 분석을 부가하기만 해도 스케줄 표의 인상이 확 변하게 된다. 만약 그것들이 없으면 '오후=거래처와 회의. 귀사 후 책상에 앉아 일하는 것' 밖에 없지만 여기에 정보 수집과 그 정리, 분석을 부가하기만 해도 스케줄에 깊이가 있고 풍부한 느낌을 더해준다.

이런 방법에 대해서 '스케줄 표를 메우기 위해 예정을 만드는 것은 본말 전도' 라는 비판도 있을 것이다.

분명히 정말 해야 할 일이 적당한 밸런스로 스케줄화 되어 있는 것이 가장 이상적이다. 그러나 그런 이상형을 실천할 수 있는 사람은 극히 적다. 그러면 그 이외의 보통 사람은 의식적으로 스케줄 표를 메워나가는 것이 최선의 대책이라 생각한다.

 이렇게 하여 스케줄 표에 될 수 있는 한 항목을 써놓고 그것을 큰 것, 작은 것을 막론하고 실천해 나가는 것이 시간 사용의 명수가 되는 첫걸음이라 할 수 있다.

기능적인 스케줄 표를
작성하는 법

🔲1 우선 스케줄을 '굳힌다'

될 수 있는 한 스케줄 표에 예정을 써놓는 것이 시간의 사용을 잘 하는 첫 걸음이라고 하면 제2단계는 어떻게 효율적으로 예정을 짤 것인가라는 것이다. 이에는 이전의 나도 상당히 고생하였다. 여기 저기 뛰어다니면서 일을 하고 있었기 때문에 어떻게 하면 효율적으로 이동하며 일을 할 수 있는가 상당히 생각했다.

그 해결책 중 하나가 이동시간의 단축이며, 예를 들어 앞에서 기술한 두 곳의 이발소를 이용하는 등의 방법을 생각해 냈다.

다른 사람 역시 나와 같은 사고 방식을 하는 사람이 많은 것 같다. 예를 들면 텔레비전, 잡지 등에서 대활약하고 있는 드림 인큐베이터 사장 호리 코오이치 씨도 그 중 한 사람이다. 호리 씨는 자못 '바쁜 사람의 대명사'라 생각할 수 있을 정도로 일을 하고 있다는 인상을 받았는데, 그의 스케줄 작성의 비법은 '굳히는 것'에 있다고 한다.

특히 호리 씨의 말에서 재미있었던 것은 어느 대기업의 사장은 바쁜 것 같은데 반대로 여유가 있는 것처럼 보인다는 것이다. 물론 개개의 경우에 따라 다르지만 분명히 대기업의 사장은 어딘지 모르게 침착하고 여유 있는 태도를 취하고 있는 것 같고 시간에 쫓겨 안달하고 있는 이미지와는 걸맞지 않다. 그런데 당연한 것이지만 그들은 결코 한가한 사람은 아니고 비서가 관리하고 있는 스케줄은 대체로 꽉 채워져 있는 경우가 많다.

그러면 그들은 왜 유연해 보이는가. 여기서 호리 씨의 분석이 시작되는데 이것이 재미있다. 요컨대 사장은 예를 들면 거래처와 회의라 해도 상대가 물어오는 경우가 대부분이기 때문에 이동에 허비하는 시간이 거의 제로다.

이에 착안한 호리 씨는 '사장 방식'을 시도하기로 했다. 그런데 당시는 아직 사장이 아닌 호리 씨가 거래처의 사원 등을 일방적으로 불러오게 할 수는 없다. 그래서 고안한 것이 스케줄을 '굳히는 것'이었다. 예를 들면 A사에서 회의가 있을 때 회의를 마치고 만날 사람은 될 수 있는 한 A사 가까이에서 만나도록 한다. 그래서 30분 정도의 시간을 가늠하였으면 그 후 만날 사람과는 10분 후 정도로 약속 시간을 설정해 두는 식이다.

이른바 자기 본위의 스케줄 작성인데 이 정도로 철저히 하지 않으면 스케줄에 여백이 생기고 만다.

여기서 마음 쓰이는 것이 상대의 심중이다. '뭐야, 저 녀석은 항상 잘난 체하고 자신의 예정을 우선시키고 있다'고 상대가 생각해 버리면 본전도 이자도 없어진다. 스케줄 작성을 우선시한 나머지 인간 관계에 금이 간다면 본말 전도다.

호리 씨이기에 이런 점은 상대를 보고 임기 응변으로 대응했을 것이지만 이 부분의 조절이 어려운 것인데 '정말로 바삐 일하고 있으면 상대도 맞추어 준다'라는 호리 씨의 말은 설득력이 있다.

호리 씨는 또 '시간이 없다는 말을 연발하여 여유가 없다는 듯이 일하고 있는 녀석은 사실 적당히 바쁜 정도다. 정말로 바쁜 사람에게는 시간이 듬뿍 있는 것이다'라고 말하고 있는데 이것은 정말일 것이다. 바쁘다, 몸이 몇 개 있어도 부족하겠다고 불만만 가지고 있지 말고 그 해소법을 생각하고 실천하는 것이 중요하다.

02 시간 설정에는 여유를 갖자

이렇게 하여 스케줄을 '굳힘'으로써 상당히 능률적인 시간의 사용법을 할 수 있게 되는데 그래도 책상 위의 계산대로는 안 되는 것이 현실이다. 때로는 시간이 비거나 부족해지거나 해서 곤란해질 때도 있다.

시간이 부족해지는 원인은 여러 가지가 있을 것이다. 예를 들면 거래처와의 회의 등은 시간을 예측할 수 없는 경우도 있다. 고작 1시간이면 끝나겠지 하고 생각하고 있다가 도중에서 담당 이사가 나와서 회의 시간이 대폭 연장되는 사태도 있을 수 있다. 이른바 예측하지 못한 사태다.

그런데 이런 사태에 미리 대비해야 한다는 의견도 있다. 그 대표가 《'초'정리법》 등 베스트셀러로 유명한 히토츠바시 대학의 노구치 유키오 교수다. 노구치 선생은 바로 시간 사용법의 대가다. 그만큼 그 말에는 무게가 있는데 스케줄링에서 가장 문제가 되는 것은 '사용할 수 있는 시간, 남아 있는 시간이 보이지 않는 것'이라고 한다.

분명히 스케줄은 그 머리만은 확실히 설정할 수 있다. 3시 회의라고 정해지면 어지간한 일이 없는 한 3시에 회의는 시작된다. 그런데 '일본식 비즈니스'의 악폐로 그것이 몇 시에 끝날지 불명확한 경우가 많다.

　그에 대한 대책으로 여유를 가진 시간 설정을 해야 한다. 시간은 부족한 것보다 남는 것이 도움이 된다는 것을 명심해야 할 것이다. 만약 회의 후에 중요한 거래처의 접대가 있다고 한다면 그때까지의 시간을 충분히 잡아야 한다. 이른바 유비무환이라는 것이다. 시간에도 보험의 의식을 갖는 것이 중요하다.

03 남은 시간은 짧은 토막으로 사용한다

　이 방법으로 장해가 되는 것은 시간이 남는 것이다. 분명히 여유를 갖게 한 시간 설정은 가끔 헛된 시간을 만들기 쉽다. 그러나 그것을 헛된 시간이 되지 않도록 하는 의식이 있으면 헛된 시간으로 그치지 않을 것이다. 앞에서 기술한 바와 같이 남을 것 같은 시간을 가정하여 다른 스케줄링을 해 두면 된다. 30분 정도 있으면 정보 수집을 시작하여 여러 가지 시간의 사용법이 가능한 것은 틀림없다.

　'시간 사용법의 달인' 정도 되면 30분이 문제가 아니다. 예를 들면 호리 씨는 5분간의 이용법을 역설하고 있다. 호리 씨의 가방 속에 항상 들어 있는 것은 단행본과 수면안대이다.

그 이유는 신칸센(고속전철)으로 출장하게 되면 전날 밤에는 늦게까지 일을 하고 차 안에서 수면 시간을 충당한다. 자기 전에는 10페이지라도 책을 읽는다. 이런 경우가 20회 있으면 한 권의 책을 독파할 수 있다는 계산이 나온다. 5분이든 10분이든 바로 잘 수 있는 것이 '특기'로, 수면안대는 그 때문에 항상 지니고 있다고 한다. 또 회사에서 전화할 시간을 절약하기 위해 될 수 있는 한 이동 중에 전화를 걸 궁리도 하고 있다.

🔲 무엇이든 메모해 둔다

호리 씨의 단시간 이용법은 또 있다. 가방 안에는 항상 노트가 들어 있으며 떠오른 아이디어는 여기서 전부 기록해 둔다. 언제 어디서나 단시간에 할 수 있는 것은 '생각하는 것', '아이디어를 짜내는 것'인데 그것을 메모해 두지 않으면 의미가 없다. 모처럼 아이디어가 떠올랐는데도 그것을 잊어버리고 만다면 아이디어와 시간을 이중으로 분실하게 된다.

'헛된 시간'에는 실로 여러 가지 종류가 있다. 전화는 통화가 끝나면 상당히 쓸데없는 말을 하고 있다는 것을 깨닫는다. 10분의 통화 중 중요한 용건은 단지 2, 3분이면 되는 경우가 많다. 처음에 인사 같은 서론이 있고 전하고 싶은 용건, 마지막으로 인사와 용건의 재확인이라는 패턴이 많다. 대충 말하면 통화 중의 3분의 2는 불필요한 대화다.

히토츠바시 대학의 노구치 유키오 교수는 이 헛된 통화를 생략하기 위해 전화에서 주고받는 이야기는 최대한 줄이고 대신 팩스를 이용한다고 한다. 분명히 팩스라면 잘못 말하는 것이나 잘못 듣는 일이 없고 시간 단축에도 효과적이다. 전화라면 그만 10분, 20분 말하게 된다는 사람은 팩스를 많이 사용할 것을 생각해도 좋다. 보내는 것이 많은 원고는 카피하여 몇 번이고 반복 사용하면 원고를 쓰는 시간이나 수고도 덜 수 있다.

그런데 전화 이상으로 낭비라 생각되는 것은 '물건 찾는 시간'이다. 읽고 싶은 책을 찾을 수 없다, 중요한 자료를 챙겨 놓는 것을 잊어버렸다, 키가 없다, 지갑이 어디 있는지 찾을 수 없다 등등. '사는 것은 찾는 것이다' 라고 자세를 바로 잡는 사람들도 있었는데 물건 찾기만큼 무의미하고 헛된 시간은 없다.

물건은 아니지만 모처럼 생각난 아이디어를 다시 찾는다, 생각해낸다는 것도 낭비의 극치다. 운 좋게 생각나면 좋지만 그대로 어둠 속에 묻혀 버리는 경우도 적지 않다. 찾는 것은 제법 지력,

체력, 정신력을 소모하기 때문에 그것을 예방하기 위해서도 호리 씨처럼 무엇이든 메모하는 것은 효과적이다.

05 3분에 할 수 있는 것을 머리에 인풋하자!

호리 씨처럼 짧은 시간을 유효하게 사용하고 있는 사람은 적지 않다. 텔레비전이나 잡지, 신문 등에서 활약 중인 미나미 미키코 씨도 그 중 한 사람이다. 주부이면서 어머니이기도 한 미나미 씨의 바쁜 모습은 남자로서는 약간 상상이 가지 않는 면이 있지만 그런 속에서 약간의 짬을 내서 체육관에 가서 몸을 단련시키고 있다고 하니 대단하다.

"체육관에도 계속 다니고 짬이 40분 정도 나면 망설이거나 지체하지 않고 나가 버립니다. 1시간 정도 짬이 나면 미용실에도 들어갑니다. 이것이 간단한 것 같지만 단단한 마음가짐이 필요합니다. 40분에 옷을 갈아입고 수영하고 샤워하고……좀 어수선하다 생각하면 갈 수 없지만 그렇게 되면 나만의 시간 따윈 절대로 확보할 수 없습니다."

가사에다 육아로 하루 종일 시간에 쫓기고 있는 주부가 아니면 안 될 발상이다. 남자도 이 정도 시간에 엄격해지면 좀더 좋은 일을 할 수 있을지도 모른다고 반성하는 것은 나쁠일까. 게다가 아무래도 이 단시간 이용법은 미나미 씨만의 '전매 특허'는 아닌 것 같다. 다른 주부도 제법 계속 노력하고 있다.

실례지만 최근까지 이름을 몰랐는데 요리 연구가인 오쿠조노 히사코 씨는 나의 아내 말에 의하면 요즘은 주부 사이에서는 카리스마적인 인기가 있다고 한다. 그녀의 아이디어 가득한 요리법은 단시간에 싸고 맛있게 만들 수 있는 것으로 정평이 나 있다고 한다.

그런 오쿠조노 씨의 시간 절약 방법은 3분에 할 수 있는 일들을 발견해 둔다는 것이다.

"예를 들면 외출하기 전에 3분 정도 시간이 있으면 레인지를 닦거나 쓰레기를 버리거나, 3분에 할 수 있는 것만 합니다. 그렇게 하기 위해서는 각 작업에 어느 정도 시간이 필요한지 사전에 파악해 두는 것이 요령입니다. 방을 청소기로 청소할 때는 5분, 세탁물을 개키는 것은 6분, 꽃에 물을 주는 것은 3분이라는 식으로……. 처음에는 타이머를 세트하여 게임 감각으로 파악해 나가면 달성감도 느끼고 귀찮은 가사도 마음에 걸리지 않고 즐길 수 있습니다."

정말로 바쁜 겸업 주부가 아니면 안 될 아이디어로 나 같은 사람은 탄복하고 있는데 물론 이 방법은 비즈니스맨에게도 활용할 수 있다. 3분, 5분에 할 수 있는 것을 리스트로 작성해 두면 헛된 시간이 되살아난다. '티끌 모아 방식(태산)'으로 짧은 시간을 귀중한 시간으로 변경할 수 있는 방법은 얼마든지 있다.

스케줄 표에
구애되지 않는 것도 중요하다

🔳 예정대로 안 되는 것은 세상에 흔히 있는 일

이와 같은 짧은 항목까지 스케줄 표에 기입하면 스케줄 표는 새까맣게 될 것임에 틀림없다. 그러나 그것이 무의미하다는 것 역시 자명한 것이다. 스케줄 표를 작성하고 그것을 메우기 위해 생활하거나 일하는 것은 지극히 넌센스다. 다만 충실한 인생의 반영이 스케줄 표에 나타난다고 생각해야 한다.

앞에서 스케줄 표는 작성, 관리하기보다 그 내용을 실천하는 것이 중요하다는 것을 기술했다. 그것이 현명한 스케줄 표 작성의 첫째이며 다음 둘째는 스케줄 표를 가능한 한 충실하게 하는 것이다. 특히 기입할 정도의 예정은 아니라도 '자료 수집'과 같은 항목을 기입함으로써 일에 대한 의욕이 생긴다는 것을 설명했다.

둘째 단계에는 여러 가지 요소가 포함된다. 색을 분류하거나 카드를 사용하여 스케줄 표에 독자적인 궁리를 하는 사람도 많다. 개중에는 스케줄 표 작성이 취미인가 오인할 정도로 훌륭한 스케줄 표를 가지고 있는 사람도 있는데 그것도 좋다. 자신이 사용하기 쉽게 정리하는 것도 중요하다.

그러면 셋째 단계는 어떨까. 스케줄 표의 중요성, 특히 거기에 기재되어 있는 것을 실천하는 중요성을 기술해 왔다. 여기서 감히 말한다면 최종적으로는 스케줄 표에 구애되지 않는 것이 셋째 포인트가 된다.

상당히 모순되는 것 같은 인상을 줄지 모르지만 스케줄 표의 가치를 인정하고 또 그것을 활용하고 있는 사람이 있다는 것을 알고 감히 그렇게 말하고 싶은 것이다.

그 이유는 간단히 말해서 시간은 인간이 생각하는 것처럼 되지 않는다는 것 외에는 없다.

'그 이유는 무엇일까. 시간은 생각대로 하기 위해서 혹은 생각대로 하고 있는 사람의 이야기를 알고 싶어서 이 책을 읽었는데……' 라는 반론이 나오겠지만 그것을 소개한 후에 '그래도 스케줄대로 되지 않는 것이 있다' 고 말하고 싶은 것이다.

만약 그것을 깨닫지 못하면 스케줄 표에게 조종되고 마는 시간의 사용법이 될 수도 있다.

예를 들면 밤 8시까지 회의에 제출할 자료를 만든다는 항목이 있었다고 하자. 스케줄 표에는 그것이 확실히 기재되어 있다. 그런데 어떤 사정으로 그것을 할 수 없을 때 무슨 일이 있어도 그것을 달성해야 한다고 지나치게 노력하는 것은 위험하다고 말하고 싶은 것이다.

분명히 그 노력은 인정하자. 때로는 9시, 10시 혹은 심야가 될 때까지 일을 열심히 하는 것도 좋다. 그러나 스케줄 표에 기재되어 있기 때문이라는 것이 마치 강박관념처럼 되어 버리는 것은 정신과 의사로서 권할 수 없다.

02 '단지 스케줄을 처리하는 것만' 으로는 더없이 어리석다

예를 들어 밤 새워 일하는 사람이 요즘 얼마나 있을까? 몇 백 명인지 몇 천 명인지 상상도 할 수 없지만 상당한 사람들이 수면 시간을 줄여서까지 일을 하고 있을 것이다.

요즘 수험생은 이전만큼 공부하지 않게 되었다는 말을 듣는다. 옛날의 수험생은 머리 동여매고 밤샘하는 것이 당연하다는 이미지가 강했는데 지금의 수험생은 좀더 스마트하게 공부하고 있을 것이다. 밤샘을 해도 결국은 공부의 능률은 오르지 않는다는 올바른 정보가 그들에게 침투되고 있는지도 모른다.

사회인과 수험생을 같은 선상에 놓고 기술한다는 것은 불가능할 것이다. 경우에 따라서는 밤샘을 하지 않으면 납기에 맞출 수 없는 일도 있을 것이고, 다른 스태프와 균형을 맞추어 밤샘을 하지 않을 수 없는 경우도 있다. 그러나 스케줄 표에 기재된 것을 지키기 위해 단지 그것을 위해 밤샘하는 것은 더없이 어리석다고 말할 수 있다. 그런 마음, 시간 감각으로 좋은 평가를 얻을 수 있는 일은 없다.

〈요괴 공주〉나 〈마녀의 특급 택배〉 등 대히트 영화로 알려져 있는 스튜디오 기블리(studio ghibli)의 민완 프로듀서인 스즈키 토시오 씨는 이런 말을 하고 있다.

"잡지의 편집사원으로 근무하고 있을 때는 밤샘도 잘했는데 지금의 직장에서는 밤샘은 하지 않고, 또 스태프에게도 하지 않도록 하고 있습니다. 1주일 정도에 승부가 나는 단기전의 잡지 제작과 달리 영화 제작은 기획을 세우고 제작이 끝날 때까지 1년6개월에서 2년을 요하는 긴 시간이 걸리기 때문입니다. 밤샘을 하고 있으면 몸이 따르지 못할 것이고 그만큼 생산성도 떨어져 버립니다."

스즈키 씨가 교묘하게 기술하고 있듯이 일에는 단기전, 장기전과 그 중간의 중기전이 있다. 아무래도 정해진 기한까지 마쳐야 한다는 일은 예외 중의 예외지만 그 이외는 밤샘으로 일을 하거나 공부하는 것은 아니다. 그 여파가 반드시 나중에 몸이나 마음에 영향을 미치는 것이다.

'스케줄 표에 기재했기 때문에' 라는 안이한 이유로 밤샘하는 것은 언어도단이다. 밤샘을 해야 할 만큼 자신의 시간 사용법이 서투른 정도, 계획성이 없음을 반성해야 할 것이다.

03 '채우기 스케줄'은 컨디션을 나쁘게 한다

이와 같이 스케줄 표는 시간의 효과적인 이용을 하는 데 있어서 중요한 '도구' 이며 그것을 활용하는 것은 시간을 잘 사용하는 데 있어서 중요하다. 그러나 심신까지 희생하여 스케줄을 처리하는 것도 생각할 문제다.

이런 점의 '고려' 와 '컨디션' 이 중요하게 되는데 세상에는 '스케줄 표 같은 것은 전혀 도움이 되지 않는다' 라는 태도로 살고 있는 사람도 있으니까 재미있다. 교토대학 명예교수인 모리 타케시 교수도 그 중 한 사람이다. 모리 교수는 자유롭고 독특한 발상으로 정평이 나 있는데 그 직함에는 종종 교토대학 명예교수 옆에 '프리터(Free Arbeiter:일정한 직업을 갖지 않고 아르바이트로 생계를 꾸리는 사람)'라고 기재되어 있는 것이 많다.

모리 교수의 독특한 유머인지도 모르지만 이 직함이 모리 교수의 시간에 대한 사고 방식을 나타내고 있다고 말할 수 있다. 예를 들면 다음과 같은 말에서 한 부분을 엿볼 수 있다.

"진정한 '여유'란 헛된 것을 아무렇지 않게 할 수 있는 것, 직접적으로 도움이 될지 어떨지 모르는 것을 하는 겁니다. 그리고 그것이야말로 인간 본래의 기쁨이 있다고 생각합니다. 시간도 잇따라 헛되이 사용하면 되는 겁니다."

시간을 유효하게 사용하는 것은 중요한 것이지만 사용 방법의 기술에만 눈이 가버리면 무덤 구덩이를 판다는 경고일 것이다.

분명히 무슨 일에도 '여유'를 갖는 것이 중요하며 그것을 잊어버리면 마음의 병에 이르는 위기에 직면한다. 정보화가 초 스피드로 발전하고 고용 형태도 대폭 변하고 있는 지금 마음을 건강하게 유지하는 것이 무엇보다 중요하다. 시간이 마음의 밸런스를 깨는 계기가 되지 않도록 보다 세심한 주의가 필요하다.

이 말에서 생각나는 사람이 있다. 그는 36세의 샐러리맨 환자였는데, '직장이 바뀐 이래 잠자지 못하는 날이 많다'고 약간 어두운 표정으로 찾아왔다. 이런 증상을 호소하는 환자는 결코 적지 않다. 문진하고 가벼운 수면제를 그에게 처방했는데, 다음 진찰하러 오는 날짜를 적기 위해 펼친 수첩을 보고 나는 놀라고 말았다.

스케줄 표에는 의식적으로 예정을 기재하고 공백은 될 수 있는 한 피하려고 기술했는데 그 환자의 스케줄 표는 이상할 정도로 새까맸다. 확대경으로 보지 않으면 읽을 수 없을 정도로 조그만 글씨로 꽉 채워져 있고 날짜 옆에는 굵은 글씨로 가위표가 쓰여져 있었다.

"이 가위표는 뭡니까?" 하고 묻자 그는 약간 겸연쩍은 듯한 표정으로 대답했다.

"그 날 할당된 일을 달성하지 못했다는 의미입니다."

스스로 자신을 구석으로 몰아넣고 있는 그가 걱정되었지만 그 날은 감히 그것에 대해서는 언급하지 않았다. 나의 질문에 대한 그의 대답은 극히 정상이며 충분한 수면시간만 갖는다면 증상은 좋아질 것이라 생각했기 때문이다.

몇 주일 후, 그의 불면은 개선되어 결국 증상이 악화되는 일은 없었지만 한 걸음 잘못 디디면 우울증 같은 마음의 병으로 발전할 위험성이 있었다고 말할 수 있다. '스케줄 엄수'가 심신의 중압감을 주지 않도록 주의하는 것이 중요하다.

때로는 돈으로 '자신의 시간'을 사자

🔲 시간에는 비용이 든다고 생각하라

밤샘 이야기를 앞에서 했는데 많은 철야의 폐해 중에서 가장 큰 것은 시간으로 인해 피로해지는 것이다. 다만 밤샘뿐만 아니라 과중한 스케줄이 계속됨으로써 심신에 이상을 초래해 버리는 경우도 있다.

나는 이것을 '시간으로 인한 피로'라 부르고 있는데 작사가인 유가와 레이코 씨도 과중한 스케줄 때문에 쓰러진 일이 있었다. 앞에서 소개한 미나미 미키코 씨도 그렇지만 일하는 주부는 가사와 육아라는 요소도 가중되기 때문에 바쁨으로 인해 피로에 박차가 가해지는 경향이 크다. 한 아이의 어머니이기도 한 유가와 씨도 예외는 아니었다. 게다가 유가와 씨의 말에 의하면,

"남편(회사경영)이 결혼할 때 '밥, 목욕'이라고 말하면 즉시 준비되어 있는 가정을 원한다고 말했어요. 그래서 시간의 변통은 내게 절실한 문제였어요." 라고 말하니 가사가 얼마나 힘든 것인지 상상하는 것 이상이다.

7시에 일어나서 아침식사 준비를 하고, 오전 중에는 원고 쓰고 오후에는 음악 관계자와의 협의와 텔레비전, 잡지 등의 취재를 해야 하며 귀가 후에는 가사, 저녁식사 준비라는 스케줄이 계속되니 언제 쓰러져도 이상하지 않다. 사실 유가와 씨는 과로로 1년에 두 번이나 쓰러진 적이 있다고 한다.

총명한 유가와 씨는 물론 몸 컨디션에도 신경 쓰고 오전 중에는 매일 같이 남편과 근처 골프 연습장에 다니고 있었다. 그러나 결과적으로는 이것도 과중한 스케줄을 더욱 가중시키는 결과가 되어 버린 것 같다. 어느 날 유가와 씨는 친구에게 이렇게 지적을 받아 깜짝 놀랐다고 한다.

"지나치게 바쁘면 변변한 일은 할 수 없다는 말을 들었어요. 분명히 바쁘면 실수하게 되요. 그 이래로 1주일에 2일은 절대로 일하지 않는 날이라는 것을 만들었어요. 결국은 일이 예정에서 늦어지는 경우도 많지만 마음의 여유가 훨씬 달라지게 됐어요."

과밀한 시간이 피로를 축적시키면 일이 문제가 아니다. 건강을 해치고 마음의 병을 일으킬 수 있기 때문에 유가와 씨처럼 여유를 가진 시간 배분에 유의해야 할 것이다.

유가와 씨는 친구에게 지적 받기 전부터 요리 등 일부를 가정부에게 거들게 하고 있었다고 한다. 유가와 씨 정도로 아주 바쁜 사람은 누군가 거들어 주지 않으면 일도 가사도 정지되어 버린다. 그것을 방지하기 위해서 일정한 비용을 부담하는 것은 현명한 선택이라 생각할 수 있다.

'타임 이즈 머니' =시간은 돈이라는 것은 시간이란 돈과 마찬가지로 혹은 돈 이상으로 귀중하다는 것인데 때문에 시간에는 비용이 든다고 하는 사고 방식은 정론이다. 유가와 씨와 같이 과밀 일정을 완화시키기 위해 일정한 비용을 들여 제3자에게 가사나 일을 거들게 하는 방법은 옳다고 말할 수 있다.

02 자신만의 '행복한 시간' 을 만드는 방법

유감이지만 지난 총선거에서 낙선한 전 중의원의원 타카이치 사나에(高市부苗) 씨도 전에 이런 말을 했다.

"말은 좋지 않지만 돈으로 정리할 수 있는 것은 그것으로 해결하고 있습니다. 스스로 조사할 시간이 아깝기 때문에 전화번호를 찾을 때는 바로 114에 전화합니다. 비싸도 여러 가지 정보를 데이터 뱅크에 문의합니다. 또 택시는 약간 가까운 거리에서도 탑니다."

필요하다면 때로는 시간을 돈으로 사는 것도 필요하다. 같은 예를 친구로부터 들은 기억이 있다. 그 사람은 중소기업의 오너로, 스스로 앞장서서 영업하러 다니기 때문에 아무튼 바쁘다. 40대에는 구두를 한 달에 하나씩 새로 갈아 신어야 된다는 것이 자랑이었으며 60세를 넘은 지금도 매일 만 보 이상 걷고 있다고 한다.

그런 사장의 은밀한 심신 재충전법은 고급 이발소로 가는 것이다. 시내 유명한 호텔 내의 고급 이발소에서 이발하는 것이 그의 최고 기분 전환방법이다. 그 이유를 그는 이렇게 말하고 있다.

"이발하고 얼굴 마사지와 발바닥 마사지까지 받고 나면 1시간은 넘습니다. 요금도 만 엔 지폐 한 장이 없어지지만 이 시간이야말로 나의 지극히 행복한 시간입니다. 심신을 재충전할 수 있고 일의 아이디어도 떠오르죠. 때로는 꾸벅꾸벅 졸지만 그것은 사치스런 시간이죠. 하지만 이런 시간이 있기 때문에 또 일에 분발하려는 의욕이 생깁니다. 1시간 정도면 그런 기분이 될 수 있으니 투자라 생각하면 싼 겁니다."

이것 역시 시간을 돈으로 사서 성공하고 있는 예일 것이다. 아르바이트 구인 정보지에는 반드시 시간당 금액이 명기되어 있는

데 예를 들어 시급 2500원이라는 것은 자신의 시간을 고용주에게 팔고 있는 값이다.

일한다는 것은 그런 것인데 때로는 돈으로 자신의 시간을 사는 것도 필요하지 않을까 한다. 수지 밸런스는 돈에만 있는 것이 아니라 시간에도 역시 수지 밸런스가 있으며, 시간을 파는 것과 사는 것의 균형이 잡혀 있는 사람은 시간의 사용법을 잘 이용하고 있다고 할 수 있다.

잊어서는 안 될 시간술

❶ 스케줄을 '굳히면' 시간에 여유가 생긴다.

❷ 여유를 갖도록 한 시간 설정으로 '남은 시간'은 다른 이용법을 생각해 두면 좋다.

❸ 단시간을 유효하게 사용하려면 3분, 5분에 할 수 있는 것을 알아 두면 좋다.

❹ 시간의 비용을 인식하고 시간을 돈으로 사는 것도 필요하다.

❺ 자신의 시간을 팔고 사는 수지 밸런스를 잡자.

Chapter 04

아침, 점심, 저녁 나누어
사용하는 시간술

머리를 활성화시켜 하루를 3배로 사용하는 법

하루는 '24시간이나' 있다

🔲 자신의 자신 있는 시간대를 우선 사용한다

이 책에서 시간의 사용법을 잘 이용하는 사람을 여러 사람 소개했다. 모두 각자 머리를 짜내서 시간을 유효하게 사용하고 있는데, 그들의 공통점은 대체로 아침 일찍 일어난다는 것이다. 나이에 대해서 여러 번 말해서 미안하지만 90세가 넘은 지금도 세이로카 국제병원의 이사장으로 있는 히노하라 시게아키 선생도 대체로 아침 5~7시에 일어나고 있으니까 상당히 일찍 일어나는 사람이다.

또 이 책에서도 소개한 요리 연구가 오쿠조노 히사코 씨는 좀 더 일찍 일어난다. 아니 일찍 일어난다기보다 《3시간 수면으로 뭐든지 할 수 있다》고 하는 책을 저술한 것을 보더라도 알 수 있듯이 '단시간 수면법'의 실천자이기도 하다. 그녀는 밤 11시에 자고 아침 3시에는 일어나 일할 때가 있다고 하니 놀라운 일이다. 일찍 일어나는 이유를 그녀는 다음과 같이 말하고 있는데 그것은 일하는 주부의 절실한 소리처럼 들린다.

"가족이 일어나 있는 시간에는 아무래도 신경이 쓰여서 침착해질 수가 없어요. 자고 있는 시간이라면 마음 쓸 것 없이 지낼 수 있고 그 시간엔 걸려오는 전화도 없어요. 조용히 집중하는 시간을 가지려면 아침이 제일입니다."

하루는 24시간밖에 없다고 생각하는가, 24시간이나 있다고 생각하는가의 차이일 것이다. 틀림없이 오쿠조노 씨는 '24시간이나 있으니까 틀림없이 자신의 시간을 발견할 수 있을 것이다'라고 생각한 것이 아닐까. 시간에 대한 긍정적인 사고 방식이 그녀에게 자신만의 시간을 발견하게 한 것 같다. 사실 이런 말도 하고 있다.

"나 자신이 내 시간을 만들었기 때문에 하고 싶었던 요리 연구가가 될 수 있었는지도 모릅니다. 자신의 꿈을 실현시키는 시간으로 아침의 1시간은 아무래도 의미가 있는 시간이 될 수 있습니다. 처음에는 좀 힘들지 모르지만 습관이 되면 그 시간이 기다려집니다. 자명종 없이도 일어날 수 있게 됩니다."

3시라고 하면 아침이라 해도 될지 망설여지지만 5시, 6시 정도

에 일어나면 하루를 길게 사용할 수 있다. 5시에 일어나는 것과 7
시에 일어나는 것은 그 시점에서 2시간의 차가 있는데 이 2시간
의 차를 나머지 시간으로 메우는 것은 제법 힘들다. 그것은 경험
한 사람이라면 곧 알 수 있을 것이다.

오전 중의 시간대가 보다 머리 회전이 좋다는 설도 있다. 때문
에 아침 일찍 일어나서 일찍 일을 시작한다는 사고 방식이다. 앞
에서 소개한 닛산의 카를로스 곤 사장도 그 중 한 사람인데 이
설이 옳은지 어떤지는 분명하지 않다. 분명히 인간의 생리에서
보면 심신의 피로가 적은 오전 중에는 몸의 기능이 높아져 있다
고 생각할 수 있지만 이 점에 대해서는 개인 차이도 크다고 생각
한다.

따라서 어중이떠중이 모두 다 '아침형'으로 바꾸는 것이 좋다
는 것은 옳지 않다는 느낌이 든다. 개중에는 '저녁부터 갑자기 엔
진이 발동하기 시작한다'고 하는 사람도 있으니까 자신의 자신
있는 시간대를 우선 사용해야 할 것이다.

02 부자연스런 생활을 할 때는 심신을 돌보자!

'아침형', '야간형'의 이야기를 할 때 내가 자주 생각나는 것은 한 어린이용 그림책이다. 정확한 것은 기억하고 있지 않지만 그 책은 분명히 하루의 생활 모습을 어린이가 알기 쉬운 그림으로 소개하고 있었다.

그래서 문득 깨달은 것인데 하루를 나타내는 색 분류였다. 그것은 극히 당연한 것처럼 해가 뜨기 전에는 어둠컴컴한 블루로 새벽녘과 함께 엷은 황색으로 변해서 정오에 불그스름한 색이 된다. 그대로 오렌지색 같은 색조가 계속되다가 저녁에는 다시 어둠컴컴한 블루로 되어 밤의 어두운 색조가 되는 것이다.

잠자고 있을 때는 어두운 색, 일어나 있을 때는 밝은 색으로 나누어 색칠해 있어 아이들에게는 아주 알기 쉽다고 생각했는데 이것은 인간 심신의 생리도 잘 표현하고 있다. 요컨대 이른 아침이나 심야는 몸으로서는 '휴식'하는 시간대이며 낮에는 '활동'의 시간대다. 따라서 '될 수 있으면 이 시간의 섭리에 맞추어서 일을 하고 수면을 취하는 것'이 바람직하다. 밤샘은 몸의 컨디션을 해친다는 것은 이런 점에 원인이 있다.

그러나 그렇게 말은 하지만 어린이 그림책과 같은 시간대에서는 생활할 수 없는 사람도 있다. 심야에 일어나 있는 사람이 늘었기 때문에 심야, 조조 취업자는 점점 늘고 있다. 또 앞에서 든 예와 같은 이른 아침이 아니면 자신의 시간을 가질 수 없거나, 이른 아침에 능률이 오른다는 사람도 많을 것이다. 그런 사람은 '아침형' 을 계속하면 된다.

다만, 오쿠조노 씨와 같이 약간 극단적인 아침형은 수면 시간이 짧은 것이 마음에 걸린다. 나의 환자 중에 그런 것으로 고민하고 있는 사람이 있었다. 그 사람은 40대 후반의 샐러리맨인데 장래를 대비해서 부동산 감정사 자격을 취득하기 위해 매일 아침 5시에 일어나 공부하고 있으며, 평균 수면시간은 약 5시간이라고 했다. '만성적인 수면 부족이 원인인지 편두통이 있다' 는 그의 표정은 어딘지 피곤한 기색이 나타나 있었다.

"낮잠은 잘 수 없습니까?" 하고 내가 물었으나 외근할 때 다방 같은 데서 잠깐 눈을 붙일 수는 있다고 했다. 전차를 타면 그만 잠들어 버리는데, 그 후는 머리가 개운하다고 해서 나는 낮에 잠깐 낮잠을 자도록 강력히 권했다. 그런데 고지식한 그는,

"일하는 중에 존다는 것은 아무래도 마음이 내키지 않아요. 만약 다방에서 자고 있는 모습을 혹시 동료라도 볼까봐 불안합니다." 라고 말하는 바람에 나는,

"그런 것만 신경 쓰고 있으면 몸을 해칩니다." 라고 주의를 주었지만 자연의 섭리에 약간 반하고 있는 시간대에서 생활하기 위

해서는 이 경우의 낮잠처럼 어떤 셀프 캐어가 필요하게 된다. '부자연스런 생활을 억지로 하고 있기 때문에 심신을 돌보도록 해야 한다' 라는 것이다.

그런 점에서 역시 달인은 훌륭하다고 생각한다. 앞에서 말한 오쿠조노 씨는 아침에 목욕을 빠뜨리지 않는다고 한다.

"목욕하는 것은 아이들을 학교에 보내고 나서입니다. 아침에는 약간 뜨거운 듯한 물로 짧게 하는 것이 요령입니다. 오래 들어가 있으면 졸음이 와서 역효과가 나니까 어디까지나 요령 있게 해야 합니다. 몸치장하는 시간도 단축되고 '자, 이제부터 하루를 힘있게 시작하자!' 는 마음과 함께 기분도 상쾌해지는 바로 일석이조의 효과입니다." 라고 말하는 그녀만의 아주 훌륭한 셀프 캐어라 할 수 있다. 이런 궁리와 연구가 오쿠조노 씨의 '초 아침형' 생활을 받쳐 주고 있는 것이다.

'아침형' 은 좋다, 나쁘다는 논의에 시종일관하지 말고 자신에게 맞는 시간대를 주 활동 시간으로 정하고 더욱더 활동하기 쉽도록 심신을 돌보는 것이 중요하다는 것이다.

자기다운 시간표 만드는 법

🔢 인생을 적극적으로 사는 마음으로 교체하는 법

시간을 사용하는 목적은 사람 제각각이다. 일을 하기 위해 어쩔 수 없이 시간을 소비하고 있는 사람도 있는가 하면 자신의 목표를 향해 시간을 최대한으로 활용하려고 하고 있는 사람도 있다. 물론 사용법은 각자 자유지만 같은 24시간을 사용할 바에는 보다 의미있게 지내고 싶은 것이다.

특히 40대 후반에서 50대 정도가 되면 사는 목표를 약간 상실하기 쉽다. 대부분의 경우, 일에서는 거의 정해진 앞날이 보이는 것 같은 상황이며 사생활 면에서도 아이가 성장하여 부모의 슬하에서 떠나는 나이가 된다. 앞으로 부부 혹은 혼자서 살아가는 데 있어서 어떤 목적을 가지면 좋을지 고민하는 사람도 있을 것이다. 그런데 평균 수명이 남녀 공히 약 80세가 되려 하고 있는 지금, 인생은 길다.

대체로 50대, 60대 정도에서 '이제 내 인생도 내리막길이다. 이제 끝이다' 라고 체념하는 것은 불손하다 할 것이다. 이 책에서도 재삼 소개하여 왔지만 세이로카 국제병원 이사장인 히노하라 시게아키 교수는 90세가 넘었어도 여전히 건강하다. 그가 건강한 이유는 여러 가지가 있는데 그 하나는 항상 앞날에 목표를 정하고 있다는 것이다. 아직도 선생은 장래 3년 간의 예정이 기입되어 있는 다이어리를 사용하고 있다.

그런 히노하라 선생이 한 잡지에서 은퇴를 가까이 앞둔 사람들에게 메시지를 전한 적이 있는데, 여러분에게 많은 참고가 되는 말이 쓰여져 있기 때문에 그 일부를 여기에 소개해 본다.

"나는 현역을 은퇴하면 그 사람은 자신이 자유롭게 생활을 디자인할 수 있는 기회가 주어졌다 생각하고 자기 나름의 시간표를 작성해야 한다고 생각한다. 그것은 개인적으로 학습하거나 즐기고 싶은 것 외에 그룹에 들어감으로써 누군가와 함께 학습하거나 취미를 즐기는 데 시간을 갖도록 권한다. 현역을 떠나면 비서로 하여금 자료를 인터넷으로 조사하게 할 수 없게 된다는 것을 알고 있기 때문에 은퇴하기 3개월 전부터 스스로 컴퓨터를 공부하는 시간을 예정에 넣고 준비해야 한다."

어떤가? 아직도 생에 대한 의욕, 능력을 높이려고 하는 그의 의욕이 아직도 충분히 전해지는 말이다. 40대, 50대에 자신을 향상시키려는 마음을 포기해 버린다는 것은 언어도단이다. 히노하라 선생을 보고 배워서 인생을 건설적, 적극적으로 사는 것이 필요하다.

02 40세 이후의 시간 사용법, 여기에 주의하자!

50세를 넘으면 체력이 떨어지는 사람이 많고 마음 면에서도 약해지기 쉽다. 지금까지 진찰한 환자 중에도 그런 사람이 적지 않게 있었다. 공무원인 K씨도 그런 사람 중의 하나였다. 정년을 앞두고 K씨는 재취업을 희망하고 있었는데 일의 내용, 급여면 모두 자신이 바라고 있는 직장에 취직하기 어려운 상황이 계속되고 있었다.

40대에 위궤양을 앓은 경험이 있었던 그는 내가 진찰할 때도 위장이 좋지 않다고 호소해 왔다. 이전 병원에서 몇 번 검사를 했으나 그다지 나쁜 부분이 발견되지 않았다고 한다. 하지만 그의 말을 들으니 부부 사이가 나쁜 것도 몸 컨디션에 영향을 주고 있는 것 같았다. 부인과의 대화는 갈수록 적어지기만 하고, 재취업을 포함하여 장래에 대한 불안을 가지고 있었다.

"왠지 몸이 나른하고 하고자 하는 적극적인 마음이 없습니다. 몸에 다른 이상은 없는 것 같은데도 이런 기분이 되는 것은 정신적인 원인일까요?' 하고 말하는 것이 기운이 없다. 이 상태로는 *부정수소가 점점 심해지고 우울증을 초래할 위험성도 있기에 나는,

"재취업을 생각하고 있다면 뭔가 자격을 취득하기 위해 도전해 보면 어떻겠습니까. 아직 아주 늙어 버린 나이는 아니고, 그런 것을 계기로 부인과의 대화가 많아지는 경우도 있습니다." 하고 충고했지만 어딘가 외고집이 되어 있는 것 같고, 내 말에 별로 흥미를 보이지 않았다.

"선생님, 자격이라 하지만 저는 벌써 50대 중반입니다. 취득하고 싶은 자격증도 생각나지 않고 무엇보다 기억력이나 집중력이 완전히 떨어져 버렸으니 새삼스럽게 공부한다고 해도 무리입니다."

*부정수소(不定愁訴): 머리가 무겁고, 초조하고, 피로감, 불면 등 막연한 불쾌감을 수반하는 자각증상을 호소하지만 그것과 몸의 이상과의 관련은 확실하지 않은 것.

🔳 목표를 내걸기보다 '시간의 습관'을 익히자!

나보다 20세 이상이나 젊은 나이인데 무슨 안이한 소리를 하고 있는가라고 일갈하고 싶었지만 이런 상황에 다짜고짜로 주의를 주는 것은 오히려 증상을 악화시킬 수도 있기에 말하려다가 말았지만, 이대로는 그의 무기력한 상태는 달라질 것 같지 않아서 다음과 같은 이야기를 들려주기로 했다.

그것은 오오마에 켄이치 씨의 말인데, 오오마에 씨라고 하면 항상 정력적으로 일하고 있는 인상이 강한 사람으로, 미국의 대 컨설턴트 회사의 일본 지사장, 아시아 태평양지구 회장 등을 역임하고 그 후 독립하여 회사를 설립하는 한편, 정치 활동에도 열심이어서 도쿄 도지사 선거에 입후보한 적도 있는 사람이다.

취미가 다양하기로 유명하며 *오프 로드 바이크(off-road bike)나 스쿠버다이빙, 스키 등 폭 넓다. 클래식 음악에 대한 조예도 깊고 클라리넷 연주는 프로도 무색하다는 소문도 있다. 오오마에 씨도 환갑을 지난 연세가 되었지만 점점 더 의기가 당당하다. 그런 오오마에 씨의 '애늙은이'에 대한 비판은 신랄하지만 충분히 귀를 기울일 가치가 있다. 오오마에 씨는 이렇게 말하고 있다.

---

*오프 로드 바이크(off-road bike):비포장 도로의 험한 길을 달리는 것을 주목적으로 만들어진 자전거나 오토바이.

"수학의 천재는 될 수 없겠지만 그 외의 것이라면 몇 살이 되든 4년이나 5년, 필사적으로 노력하여 새롭게 익힐 수 없는 것은 이 세상에 없습니다. 4년, 5년 걸려도 달라지지 않는 이유는 매일 노력하지 않기 때문입니다. 그러면 매일 하지 않는 이유는 자신은 이미 완성품이라고 생각하고 있거나 이제는 늦었다고 생각하고 있기 때문입니다."

그것은 자기암시일 수밖에 없다고 오오마에 씨는 단언한다.

"40이니까 이미 중년이다, 50이 되었기 때문에 이미 노인이다 라는 생각이지요. 예를 들면 앞으로의 시대에는, 특히 비즈니스의 세계에서는 영어와 컴퓨터 그리고 자산 운용의 기술은 필수일 것입니다. 뒤죽박죽인 영어와 컴퓨터도 그 사람들에게는 20년 이상의 실무 경험과 사회인으로서의 인생 경험이 있기 때문에 종합적인 실력으로 인정받게 될 것이기 때문에 몇 살이 되든 항상 자기 변혁을 한다는 의식을 강하게 가져야 합니다."

귀가 아픈 사람도 많겠지만 이것은 바로 정론이다. 매일 거르지 않고 공부하면 상당한 성과가 오를 것이다. 물론 사법시험 같은 고도로 어려운 시험에 합격하는 것은 어렵겠지만 그 이외의 것에 도전하는데 나이를 이유로 포기하는 것은 오오마에 씨가 지적하듯이 나쁜 자기 암시일 수밖에 없다.

40세를 넘어서 공부할 때 장애가 되는 것 중 하나가 '목표 설정의 부담'이 있다는 느낌이 든다. '부동산 중개사 자격증을 취득하자!'고 결심해도 그 자격에 대해 조사하거나 시험의 난이도를 알면 미리 기운이 빠져 버린다.

물론 목표 설정은 중요하지만 그것에 지나치게 구애되지 말고 목표를 달성하기 위해 우선 시간을 설정해 보는 것은 어떨까. 예를 들면 밤 9시부터 2시간, 하루 걸러 책상 앞에 앉는다거나 아침 1시간 일찍 일어나서 시간의 습관을 들이는 것이다. 그 시간, 집중력이 높아져 가면 자신이 생기고 그 연장선상에 목표가 보이게 된다. 시간을 하나의 도구로 파악하고 그것을 사용함으로써 자기를 연마하는 방법이다.

앞에도 기술하였지만 20세든 50세든 1시간의 길이는 똑같다. 그것을 어떻게 사용하는가에 따라서 1시간의 의미는 크게 달라지게 되는데 오오마에 씨가 지적하고 있듯이 그것을 보다 잘 사용함으로써 50세의 경험이나 지식은 크게 말해 준다. 나이를 이유로 변명하지 말고 시간을 내 편으로 끌어들이면 몇 살이 되어도 사람은 변할 수 있는 것이다.

출근 전 10분,
전날 밤의 10분은 이것이 큰 차이

🔳 타인의 시간을 사용하는 에티켓을 갖자

텔레비전에서 활약 중인 탤런트 타모리 씨가 전화만큼 실례되는 것은 없다고 전에 말한 적이 있었다.

지당한 말이다. 타모리 씨의 말과 같이 전화는 상대가 놓여져 있는 상황과는 상관없이 대화를 무기로 날아온다.

전화가 아니면 상대의 표정을 살피며 이야기 내용을 들으면서 대화하는 타이밍을 찾는 것이 매너인데 전화는 그것을 일체 생략해도 허용되기 때문에 특이한 존재라 할 수 있다.

요즘은 집에 설치된 고정 전화보다 거의 휴대전화를 사용하고 있는 사람이 많은데 그러면 상황은 약간 달라지게 된다. 휴대전화는 메모리에 전화번호를 기억시켜 두면 걸려온 전화번호가 표

시되기 때문에 불필요한 전화는 받지 않아도 된다. 그러나 통화 내용은 당연히 말하지 않으면 알 수 없기 때문에 부득이 다시 통화하게 된다.

전화벨이 울려서 신경을 거슬리는 것은 타이밍이 좋지 않은 전화다. 한밤중의 전화는 당치도 않지만 그 이외에도 아침에 한 창 출근 준비하고 있을 때, 점심식사하고 있을 때, 한 잔하고 있을 때 등 내가 생각하는 '비 전화 존(Zone)'에 벨이 울리면 '빌어먹을' 하고 생각한다.

그것도 업무상이나 급한 연락이라면 허용된다. 하지만 개중에는 무슨 용건의 전화인지 불명한 경우도 있고 세일즈 전화도 걸려온다. 나는 이런 전화를 '시간 도둑'이라 부르고 있는데 아무런 사전 예고도 없이 '잠깐 죄송합니다' 하고 남의 시간을 사용하는 것은 바로 도둑이 아니고 무엇이겠는가.

요즘은 통신 판매가 성행하고 있는데 나는 실수로라도 전화로 세일즈 하는 회사의 상품은 살 생각이 없다. 왜냐하면 남의 시간을 훔치고 있는 자각이 없는 회사는 신용할 수 없기 때문이다.

⧉ '시간 도둑'을 격퇴하는 요령

전화와 마찬가지로 상대의 시간을 상관 않고 상대의 시간에 뛰어드는 사람도 있다. 주위를 둘러보면 그런 타입이 반드시 있을 것이다. '잠깐 말씀드려도 괜찮겠습니까? 5분이면 됩니다'라고 말하면서 완전히 자신의 페이스로 끌고간다. 이쪽의 기분이나 사정은 전혀 생각하지 않을 정도로 뻔뻔스럽다.

이런 '시간 도둑'에 대해서 나의 어머니는 의외로 냉엄했다. 외출할 때 갑자기 찾아온 손님이 있어도 '이제부터 나가려던 참입니다. 죄송합니다' 하고 차가운 표정을 하고 손님을 두고 가버린다. 아무리 중요한 손님이라도 '그것이 도리다'라고 말하고 싶어하는 듯한 어머니의 태도는 내게 약간 믿음직스럽게도 보였다.

어머니에게 이런 에피소드도 있다. 내게는 6살 위의 숙부가 있는데 어느 날 어머니가 긴자에 있는 미츠코시 백화점으로 둘이서 오라고 했다. 나는 분명히 유치원생 정도였으니까 두 사람 모두 지리를 잘 모른다. 그럭저럭 미츠코시 앞에 당도했는데 이번에는 어머니가 아무리 기다려도 오지 않는 것이다. 어쩔 수 없이 집으로 돌아가자 놀랍게도 어머니가 집에 계셨다.

어머니의 말로는 우리가 약속 시간에 오지 않았기 때문에 돌아왔다고 한다. 그러나 그 후 알게 된 것인데 어머니가 우리를 기다리고 있던 시간은 단 5분 정도였다고 한다. 이렇게까지 '시간 도둑'을 용서할 수 없는 '방법 의식'은 훌륭한 것이긴 하다.

어머니만큼 시간에 꼼꼼한 것이 좋은지 나쁜지 그 평가는 정확히 내릴 수 없지만 자신은 시간에 꼼꼼하고 주위 사람에게도 그렇게 해 주기를 바란다면 상대가 누구든 어머니처럼 항상 시간에 엄격한 자세를 보여야 할 것이다 .

흔히 돈을 빌리기 쉬운 사람과 빌리기 어려운 사람이 있다고 한다. 허술한 것은 아니지만 돈에 대해 비교적 관용적인 사고 방식을 가지고 있는 사람에게는 돈을 부탁하기 쉽고 오히려 돈에 엄하고 약간 인색한 면이 있는 사람에게는 아무도 돈 부탁을 하지 않는다.

그와 마찬가지로 시간에 허술하고 약속 시간에 자주 늦는 사람은 '시간 도둑'으로 낙인찍히기 쉽다. '저 사람은 시간에 비교적 너그럽기 때문에 조금 늦어도 화내지 않는다', '좀 무리한 것을 부탁해도 괜찮을 거다'라고 주위에서는 생각한다.

따라서 타인에게 자신의 시간을 도둑 맞고 싶지 않다면 우선 자신부터 시간에 정확하다는 것을 보여 주어야 한다.

빈집털이 방지의 하나는 집 주위를 정리 정돈하는 것이라고 한다. 빈틈이 없는 집은 도둑이 들어가기 어렵다. 그와 마찬가지로 시간을 도둑 맞고 싶지 않으면 마음의 틈을 보이지 않는 것이다.

'저 사람은 그런 타입이다' 라고 주위 사람들이 생각하게 할 수 있다면 그것으로 인간 관계가 딱딱하고 거북해지는 일은 없다. 적어도 어머니를 보고 나는 그렇게 생각하는 것이다.

03 꼼꼼한 사람일수록 시간 사용을 잘한다?

꼼꼼하다는 말이 나왔는데 꼼꼼한지 아닌지 확인하는 요소에 아침의 몸치장이 있다. 그 날에 입을 셔츠에서 바지, 양말까지 빈틈없이 준비하고 있는 사람은 무슨 일에도 꼼꼼하다고 말할 수 있다. 시간에도 정확하고 약속 시간에는 대체로 늦는 일이 없다. 이것은 나의 경험에서 기술하고 있는 것이기에 크게 어긋나는 일은 없을 것이다.

한편 허둥지둥 준비하였는데 깨닫고 보니 3일 동안 같은 넥타이를 하고 있었다는 타입은 '꼼꼼하지 못한 인간' 이다. 또한 시간에도 비교적 허술해서 상대가 약속에 늦게 와도 불평하지 않는 반면 자신이 늦는 경우도 많고, 그런 것에 대해 별로 신경 쓰지 않는다.

일반적으로 시간의 사용법이라는 시각에서 보면 꼼꼼한 사람이 더 우수하다고 말할 수 있다. 자랑하는 것 같지만 그렇게 말하는 나 자신은 오히려 꼼꼼한 쪽이라고 말할 수 있다. 아침의 준비는 반드시 전날 밤에 마쳐 두고, 그 날의 업무에 맞추어서 양복, 셔츠, 넥타이 등을 미리 코디네이터 해 둔다.

특별히 멋을 내는 것은 아니지만 여유 있게 옷이나 셔츠를 고르는 것은 즐거운 시간이다. 이런 준비를 하고 있으면 만나는 사람의 얼굴이 떠오르고 말하고 싶은 것이나 아이디어가 떠오르는 경우도 있다. 그것을 수첩이나 메모 수첩에 기록해 두면 그 시간은 더욱 큰 의미를 갖게 된다.

대부분의 사람은 초등학생 때 부모가 다음 날의 준비를 시키곤 한다. '교과서, 노트는 넣었니?', '연필은 깎았니?' 라는 어머니의 목소리를 들으면서 가방 안에 필요한 문구류 등을 챙긴다. 그것은 다음 날의 준비를 한다는 귀중한 훈련이기도 하다.

그런데 고교생 정도가 되면 그 습관이 점점 나빠진다. 교과서는 학교의 로커에 넣어둔 채 가지고 다니지 않는 경우가 많아지고 다음 날의 준비가 차츰 벼락 치기로 되어 간다. 시험이 없다면 다음 날의 공부를 위해 미리 준비하는 대학생은 요즘 없을 것이란 생각이 든다. 사회인이 되었어도 그 습관에서 벗어나지 못한다. 입사 초기는 긴장하고 있기 때문에 다음 날의 준비를 할지 모르지만 익숙해지면 아무것도 준비하지 않고서 침대에 들어가 버리는 사람이 많을 것 같다는 느낌이 든다.

앞에서 전날 밤에 준비하면 느긋한 기분으로 할 수 있다고 기술했는데, 예를 들면 출근 전 10분간과 전날 밤의 10분간은 시간의 '밀도'가 전혀 다르다는 것을 알아야 한다. 출근 전은 어수선하게 시간이 지나고, 마치 시간이 빈틈없이 들어차 있는 것 같은 느낌이다. 옷을 갈아 입었으면 식사하고 이를 닦고 세면, 잇따라 해야 할 것들이 생긴다. 10분간은 눈 깜빡할 사이에 지나가 버리는 느낌이다. 이런 속에서 준비를 해도 뭔가 빠뜨리는 경우가 많다. 빠뜨리지는 않아도 일하는 '마음의 준비'까지는 손길이 미치지 못할 것이다.

한편, 밤의 10분간은 실로 길다. 할 일이 없으면 시계 바늘은 마치 '느릿느릿한' 느낌으로 움직인다. 시간이 충분히 있기 때문에 여유 있게 준비를 할 수 있다. 넥타이 하나 고르는 것도 '내일은 그 거래처에 가니까'라는 여러 가지 가정도 할 수 있다. 물론 깨달은 것이 있으면 수첩에 메모도 할 수 있다. 비교하면 양자의 차이가 얼마나 큰가를 알게 될 것이다.

같은 10분을 허비해도 내용이 이렇게 달라지게 되니까 보다 효과가 있을 때 시간을 사용하는 것이 현명하다. 자기 전의 10분은 다음 날 업무의 절반 정도를 좌우한다고 나는 생각하고 있다.

잊어서는 안 될 시간술

❶ 24시간 중 조용히 집중할 수 있는 '자신의 시간'을 발견해 둔다.

❷ 시간의 습관을 들이고 자신을 깊이 연구하자.

❸ 시간에 허술한 사람은 '시간 도둑'이라는 낙인이 찍힌다.

❹ 자기 전의 10분이 다음 날의 업무를 좌우한다.

Chapter 05

시간은
'질'을 높이는 것이 중요하다

헛된 시간, 유효한 시간의 차이란 무엇인가

무슨 일이든
'시간의 테두리'를 설정하라

🔲 '시간이 없다'고 변명하기 전에

생각해 보면 생활 속에서 새삼 시간의 이야기를 할 기회는 의외로 적다. 특히 시간의 사용법에 대해서 친구나 동료와 이야기하는 것은 드문 일이 아닐까. 입을 열었다 하면 '바쁘다' 느니 '시간이 없어서……' 라는 푸념을 늘어놓는다. 이른바 시간에 관해서는 '소극적' 인 화제가 많다는 느낌이 든다.

'때로는 여행을 가고 싶은데도 도저히 그럴 만한 휴가를 얻는 것이 무리다', '벌써 1년 정도는 영화관에 가지 못했다' 라고 탄식하는 사람도 적지 않다.

분명히 세상에는 일에 쫓기고 있는 사람은 많이 있을 것이다. 그러나 정말로 영화를 볼 시간도 없을 정도로 바쁜가 하는 의문이 든다. 정말 시간이 없는 이유는 자신의 탓이 아닐까 하고 생각한다.

나의 아버지는 무엇을 해도 빠른 사람이었다. 식사는 놀랄 정도로 빠르고, 문득 보면 벌써 다 먹었다는 것이 아버지의 식탁 풍경이었다. 게다가 식후 느긋하게 휴식하는 일 없이 식사를 마치자마자 서재로 들어가 바로 펜을 잡는다. '시간이 없다' 고 푸념하고 있을 여유 같은 것은 아버지에게는 없었다.

'시간이 없다' 는 것이 고민거리인 사람은 생활의 모든 일에 대해 속도를 높여 보면 어떨까. 스스로는 한가한 태도를 취하려고 한 것은 아니라도 곁에서 보면 시간을 낭비하고 있는 것처럼 보이는 경우도 있다. 성격적인 것이지만 특히 우유부단한 경향이 강한 사람은 '생각' 하고 있는 동안에 시간이 지체 없이 지나가 버리는 경향도 있다.

집단 전체가 우유부단해지면 손을 쓸 수 없다. 그 전형이 바로 '시간을 낭비하고 있는 회의' 이며 결정해야 할 사항을 결정하지 못하는 회의는 막대한 낭비다. 우리나라의 국회는 종종 '계속 심의' 라는 아무것도 결정하지 못하는 회의를 하고 있는데, 이런 모습이 어떤 회사나 일상적으로 행해지고 있는 것인지도 모른다.

02 닛산, 경이적인 회복 이면에 '시간 혁명'이 있다

회의에서 생각나는 것이 앞에서 소개한 닛산의 카를로스 곤 사장이다. 닛산은 대구조 조정을 감행하여 경영 효율이 좋지 않은 공장을 잇따라 축소, 폐쇄하는 등 과감한 재건책을 실시해 왔다. 그것이 주효하여 예정 스피드를 능가하는 속도로 재건 계획을 정상 궤도에 올려놓고 있는데 닛산이 가장 현저하게 변한 점은 회의의 방법이었다고 한다.

곤 씨가 사장으로 취임하기 전의 닛산에서는 임원 회의가 매월 2회, 상무 이상의 임원이 출석하는 회의가 1회였다. 그 회수는 달라지지 않았으나 회의의 내용은 크게 변했다고 한다. 가장 크게 변한 것은 결단까지의 진행 속도다.

이전의 사장은 회의가 끝나기 직전에 '그러면 좀더 다른 방법을 생각하는 것이 좋겠다'라는 미결의 지시를 내리곤 했었다. 그런데 곤 씨는 좋은 것은 즉석에서 OK 결정을 내리고, 안 되는 것 또한 그 자리에서 NO라고 할 수 밖에 없는 이유를 명확히 설명했다.

만약 당신이 시간이 없어서 고민하고 있었다면 이 곤 사장 특유의 방법을 시도해 볼 만한 가치가 있다. 무슨 일에도 시간의 테두리를 설정하고 그 속에서 마치도록 노력하는 것이다. 물론 그것은 간단히 달성할 수 있는 것은 아니다. 닛산의 경우도 회의에 제출하는 의안의 질은 이전보다 몇 단계 높은 수준이 요구되고 사원의 부담은 그만큼 무거워졌다.

원하는 레벨의 것을 '할 수 없다'고 한다면 담당에서 물러나야 한다는 것을 알고 있었기 때문에 모두 필사적으로 준비하여 회의에 임했다.

이렇게 하여 닛산은 변해 갈 수 있었고, 곤 씨가 앞장서서 닛산을 변하게 한 것은 틀림없다. 그러나 곤 씨 혼자만으로는 변할 수 없었다는 것도 사실이다. 곤 씨의 이른바 '시간 혁명'에 찬동하고 그것을 실천한 사원이 있었기 때문에 닛산은 '경이적인 회복'을 이룩할 수 있었던 것이다. 그 키워드가 '시간'이었다는 것은 틀림없다.

03 1분, 1초를 단축시킨 요시노 가의 아이디어

그런데 대부분의 기업에서 이와 같은 시간 단축, 합리화에 몰두하고 있다. 광우병의 악영향을 정면으로 받은 기업 중의 하나가 규돈 체인(쇠고기 덮밥 체인점)인데, 이전에 규돈 체인의 선두주자인 요시노(吉野) 가의 점포에서 일하는 모습이 텔레비전에서 소개되었다. 디플레이션을 반영해서 규돈(쇠고기 덮밥) 한 그릇 값은 대체로 3000원 전후였는데, 그 속에서 이익을 올리기 위해서는 철저한 합리화가 필요 불가결하게 된다.

물론 사원 한 사람 한 사람, 아르바이트 전원이 1분, 1초를 단축함으로써 그것은 가능하게 된다. 그래서 실로 여러 가지 아이디어가 시도되고 있었다. 건더기(쇠고기)를 밥 위에 올려놓는 담당, 밥을 담는 담당, 식기 세척 담당 등 철저히 분업이 이뤄지고, 일하기 쉽도록 사람이 움직이는 '동선'도 고안되어 있었다.

그런 속에서 나는 한 가지 일에 탄복하고 말았다. 진행되는 프로 속에서 '두 손으로, 두 손으로'라는 소리가 몇 번이나 들렸다. 처음에는 무슨 말인지 이해가 되지 않았는데 보고 있는 사이에 그것이 두 손으로 식기를 운반하라는 의미임을 알았다. 그렇게 의식을 심어 주지 않으면 한쪽 손으로 먹은 식기를 설거지하는 곳까지 가져가는 아르바이트생이 있다. 그것을 고쳐 주고 항상 두 손으로 작업하도록 지시하고 있었다.

단순히 생각하면 한쪽 손보다 두 손을 사용하면 작업은 2배의 속도로 할 수 있다. 그런데 그것을 의식하고 있지 않으면 인간은 그만 한쪽 손으로 작업을 해버린다. 이렇게 아주 사소한 것을 고침으로써 합리화, 노동력의 생략, 에너지 절약 등이 가능해지며 거기서 이익이 생기는 것이다. 바로 시간이 낳는 이익이라 말할 수 있다.

04 왜 도요타는 이익을 낳는 체질인가

나는 경제나 경영 전문가는 아니지만 아마도 기업 중에서 최고 우등생을 든다면 도요타일 것이다. 스스로 은행을 경영할 정도로 재무 체계가 안정되어 있으며 치열한 경쟁이 계속되는 세계 자동차 시장을 확실히 리드하는 존재가 되어 있다는 기사를 잡지나 신문에서 자주 읽는다.

도요타 식 경영의 강점이 '*간판 방식'에 있다는 것은 널리 알려져 있다. 경영의 중점은 '철저한 합리화', '낭비의 배제'이며 그것이 이익을 낳는 체질을 만들어 내고 있다고 한다.

구체적인 방법이 철저한 재고의 삭감이다. 도요타 식 경영은 '마른 걸레를 또 짠다'고 할 정도로 비용 삭감이 대명제가 되어 있다. 당연히 부품의 비용도 엄격히 재검토되고 있는데, 종래의 제조업은 재고의 관리가 비교적 느슨했다. 약간 재고가 있는 것은 '눈의 가시'로 여기지 않았던 것이다.

그런데 도요타는 부품의 재고를 줄이고 그만큼 비용 삭감에 성공했다. 그것은 단순히 재고를 줄임으로써 이익을 증가시켰다는 것 이상으로 도요타 식 경영을 사내에 철저히 주지시켰다는 것이 보다 의미가 있었던 것이 아닐까 한다.

*간판 방식: 1970년 중반에 도요타 자동차가 확립한 생산 관리 방식. 필요할 때 필요한 양만 생산함으로써 재고의 철저한 삭감을 지향한다.

약간 딱딱한 이야기가 되고 말았는데 재고 삭감이란 '시간의 단축화'라는 것이다. 도요타 정도의 회사쯤 되면 개개 사원의 시간의 효율화는 철저하게 실행되고 있음에 틀림없다. 그것을 달성하고 나서 '시간의 단축화'에 도전하여 그것을 훌륭하게 달성하고 있다.

틀림없이 기업에서도 '시간의 사용법이 능한 기업'과 그것이 '서투른 기업'이 있을 것이다. 도요타를 필두로 한 업적이 좋은 기업의 대부분은 '시간의 사용법이 능한 기업'이며 그런 조직에서는 '시간이 부족하다'는 고민은 표면화되지 않는다고 생각한다. 조직의 건전한 *자정작용(自淨作用)으로서 어떤 부서에서 '시간이 부족'할 때 그것을 보충하는 시스템이 만들어져 있는 것이다.

이 이야기는 개인에게 바꿔 적용할 수도 있다. '시간이 부족하다'고 항상 불만을 가지고 고민하고 있는 사람은 철저한 '시간의 절약'을 하고 있는지 스스로 반성해야 할 것이다. 예를 들면 어떤 작업을 할 때 두 손으로 하고 있는지 아닌지 자기 체크만 하더라도 시간의 사용에 대한 인식은 상당히 달라지게 될 것이다.

*자정작용(自淨作用): 조직 내부의 잘못된 부분을 자력으로 지워 없애는 작용

시간에 게임 감각을
받아들이자

🔳 시간의 달인은 '시간 분배'를 잘한다

얼마 전에 환자와 접하면서 자주 듣는 것이 아이의 텔레비전 게임에 대해서였다. 요즘은 약간 붐도 사그라지고 있지만 한때는 인기 게임 소프트는 여러 시간 줄 서지 않으면 손에 넣을 수 없을 정도로 인기가 대단했다.

환자로부터 '아이가 텔레비전 게임만 하고 밖에서 놀려고 하지 않는데 성격에 나쁜 영향을 주지는 않을까요?' 라는 질문을 받은 기억이 있다. 다짜고짜로 못 하게 하면 오히려 아이의 '게임 열'을 높여 주는 결과를 가져오기 때문에 1시간만 할 수 있도록 정해 놓도록 하였다.

나중에 이 환자로부터 시간을 분배한 것은 대성공이었다는 말을 듣고 기뻐했던 것을 기억하고 있다. 게임 종료 시간이 되면 처음에는 '조금만 더, 앞으로 10분만 하게 해 줘' 하고 조르던 아이도 차츰 약속을 지키게 되고 부모가 주의하지 않아도 약속 시간이 되면 게임을 그만두게 되었다고 한다.

환자가 상당히 고마워하는 바람에 나도 기뻤는데 솔직히 말해서 이 방법은 역시 환자였던 T씨가 '남의 말을 그대로 받아 옮기는 것' 이었다. T씨는 한 현내(우리나라의 도에 해당됨)의 대학입학율이 높은 고등 학교출신으로 도쿄대학을 졸업한 엘리트이며, 졸업 후에는 한 관청에 취직하여 상당히 출세한 사람이다. 관료특유의 딱딱한 면이 없고 숨김없는 인품을 존경하여 친구도 많았다.

그런 T씨의 시간 사용법이 이 '시간 분배' 였다. T씨는 고교시절에 럭비 선수로도 활약할 만큼 학업 뿐만 아니라 운동에도 소질이 있었다. T씨의 고교에서는 고교 3학년이 되면 수험에 대비하여 특기 적성부 활동을 그만두는 사람이 대부분이었는데 T씨는 오히려 후배의 지도에도 적극적이었으며, 수험 직전까지도 특기 적성부에 나가고 있었다.

그러나 3학년 여름이 지나자 매일은 연습할 수 없었지만, 1주일에 2, 3회 정도 꾸준히 럭비 연습을 했었는데 그래도 후배들은 의아해 하며 T씨를 걱정했다고 한다.

"그야 후배 입장에서 본다면 이상했을 겁니다. 도쿄대학을 응시하는 사람은 많았지만 나처럼 시종일관 꾸준히 연습하러 오는 놈은 없었으니까요. '선배, 공부엔 지장없습니다? 하며 걱정하는 소리도 들었습니다. 하하하." 하고 옛날을 그리워했다.

그때 당시의 T씨는 럭비 연습을 하는 것이 아무튼 즐거웠던 모양이다. 그러나 물론 시험 날짜도 다가왔기 때문에 그렇게 언제까지나 시간이 있는 것은 아니었기에 T씨는 연습장에 가는 시간을 '포상'으로 이용했다. 요컨대 먼저 아이의 예처럼 텔레비전 게임을 하는 시간처럼 말이다.

그 시간을 확보하기 위해 T씨는 전보다 더 집중하여 공부하게 되었다. '내일은 연습하러 갈 거다. 그러기 위한 시간을 만들어두자' 하고 생각하자 평소보다 2시간 오래 공부할 수 있었다. 이렇게 하여 공부 시간은 훨씬 밀도 높게 되었으며 '그 포상 시간을 통해 도쿄대학에 합격할 수 있었다' 고 T씨는 말한다.

02 좋아하는 것을 먼저 해버린다

흔히 '일이 바빠서 취미 시간을 가질 수 없다' 느니 '시험공부하고 있기 때문에 이성과는 사귀지 않는다' 라고 말하는 사람이 있는데 나는 이런 타입을 별로 신용할 수 없다. 즐거운 시간을 희생하여 진짜 성과가 올라갈지 큰 의문이기 때문이다.

좋아하는 것을 희생하면서까지 시간을 사용해도 그것이 결실을 맺지 못하는 케이스 쪽이 많다. '아아, 친구들과 야구를 하고 싶다' 하고 생각하면서 책상에 앉아 있으면 머리에 들어올 것도 들어오지 않는다. 비록 들어왔다 해도 능률은 극히 저조할 것이다. 그렇다면 과감하게 야구를 하고 그 후에 야구에서 사용한 시간을 만회하는 것이 좋다.

예를 들면 월요일은 회의가 있기 때문에 중요한 자료를 만들어 가야 한다고 했을 때, 고지식하기만 한 사람은 일요일에 그 시간을 충당하여 하루 종일 열심히 자료를 만든다. 설사 친구가 '잠깐만 나와' 하고 끌어내려고 해도 '내일 회의 준비 때문에 오늘은 바쁘단 말이야' 하고 거절하는 경우가 많다.

그런 방법으로 항상 잘 된다면 더 바랄 것이 없다. 하지만 잘 안 되거나 슬럼프에 빠지면 방법을 바꿔 보는 것은 어떨까. 그것이 좋아하는 것을 먼저 해 버리는 시간의 사용법이다. 여기에는 약간의 위험이 따른다. 즐거운 것이 너무 즐거워서 일에 소비하는 시간이 부족하게 될 위험성이 있다.

그러나 그래도 감히 이 방법으로 노력해 볼 가치는 충분히 있다. 왜냐 하면 그 때까지 자신이 몰랐던 또 다른 자신과 만날 가능성이 있기 때문이다. 그것은 시간에 집중하고 시간을 다이내믹하게 사용하는 인간이다.

학생시절에 우등생으로부터 이런 이야기를 들은 적이 있는가. '어제 학교에서 돌아가는 길에 영화관에 갔다가 집에 돌아오니까 9시 정도였어. 그래서 공부도 아주 조금밖에 할 수 없었지. 오늘 시험은 아무래도 불안해.'

'또 그런 소리하고 있군. 뒤에서는 밤을 새며 공부하고 있었지? 그렇지 않고 매번 그렇게 좋은 점수를 딸 리 없잖아' 하고 나는 항상 생각하고 있었다. 하지만 한참 후 내 생각이 그릇된 추측일지도 모른다는 생각을 하게 되었다.

물론 개중에는 그런 거짓말을 하고 뒤에서는 열심히 공부를 하고 있는 사람도 있었겠지만 진정한 수재는 좋아하는 시간을 희생하지 않고 오히려 그것을 즐김으로써 공부의 집중력을 높이고 있었다고 생각하게 되었다.

'학생시절에 영화를 매일 같이 보고 있었다', '연간 200편 이상 보았다' 라고 말하면서 도쿄대학에 합격한 사람이 있는데 그것 또한 결코 거짓말은 아닐 것이다. 즐거운 시간을 가짐으로써 공부할 의욕을 높였음에 틀림없다. 때로는 이런 방법으로 시간의 집중력을 힘껏 높이는 것도 필요할 것이다.

스트레스에 지지 않는
시간 활용법

01 '바빠서 운동도 하러 못 간다'고 하는 사람에게

봄 정도는 아니겠지만, 세상은 스트레스 투성이다. '학교에 가고 싶은 마음이 생기지 않는다', '출근하기 싫다', '꽃가루 알레르기다', '부부 사이가 나쁘다'라는 원인이 전부 스트레스가 되어 버릴 정도로 현대인의 주위에는 스트레스가 산더미처럼 쌓여 있다. 그 중 '스트레스가 없는 것도 스트레스의 원인이다'라는 환자가 나타나는 것이 아닌가 불안해질 정도였는데 다행히 아직까지 그런 환자는 나타나고 있지 않다.

요즘 스트레스 때문에 컨디션이 좋지 않거나 정신적인 불안정을 호소하는 환자가 그야말로 끊이지 않는 상태다. 처음에는 조그만 스트레스가 심신의 컨디션을 크게 해쳐서 치료, 입원을 부득이하게 되는 케이스도 있다. 고작 스트레스 정도로 그렇게 되기야 하겠는가 하고 생각하기 쉽지만 방심할 수 없다.

나의 병원을 찾아온 K씨는 43세의 샐러리맨이었다. 경쟁이 격심한 금융업계, 게다가 중소기업이 주된 고객인 신용조합의 직원인 K씨는 불황도 겹쳐져 심로가 끊이지 않았다. '융자를 받지 못하면 회사를 닫을 수밖에 없다' 하고 비통한 표정으로 찾아오는 단골 손님에 대해 융자를 거절할 때는 가슴이 아팠다. '잠도 잘 안 오고 식욕도 없다'고 말하는 K씨에게 나는 시간을 만들어서 운동할 것을 조언했다. K씨는 대학시절에는 우수한 기록을 가진 장거리 선수였으며 사회인이 되고도 풀 마라톤을 3시간대에 뛴 적이 있다고 하니 상당한 선수다.

'바빠서 뛸 시간을 낼 수 없다'고 말하는 K씨에게 '앉아서 죽음을 기다리시겠습니까? 아무것도 하지 않으면 심각한 병을 일으킵니다' 하고 약간 심한 말을 했는데, 그것이 효과가 있었는지 그 후 K씨로부터 시간을 내어 스포츠 센터에 다니고 있다는 전화를 받았다. 몸 컨디션도 조금씩이지만 좋아지고 있다고 했다. 나는 안도의 숨을 쉬었는데 몇 주 후, 전보다 더 초췌해진 K씨가 찾아왔다.

"인사 이동으로 더 바쁜 부서로 가게 됐습니다. 스포츠 센터에 갈 시간도 없어져 다시 컨디션이 나빠졌습니다."

더 안 좋은 상황에 빠졌음을 알고 나도 난감해졌다. 눈앞에 희망의 빛이 보였었는데 그것이 단숨에 차단되어 버리면 인간은 큰 쇼크를 받게 되고, '이제 틀렸다'고 비관하게 된다. K씨가 바로 그 전형이었다. 모처럼 컨디션을 컨트롤할 수 있을 것 같았는데 그 방법을 빼앗겨 버렸으니 실망하여 맥이 빠지는 그 기분도 알 수 있다.

02 훌륭하게 시간을 절약한 K씨의 방법

그런데 언뜻 보니 K씨는 비즈니스맨에게는 어울리지 않는 배낭을 가지고 있었다. 이유를 물으니 '웃옷과 셔츠를 안에 넣고 역 주위를 가볍게 조깅하고 있다'고 한다.

"잘하셨습니다. 훌륭합니다. 궁리 끝에 뛰고 있는 거니까…… 그렇게 하면 건강도 나빠지지 않습니다" 하고 나는 칭찬했지만 K씨는 납득하지 않았다.

K씨의 주장은 역 주변을 뛰고 있어도 기분이 좋아지지 않을 뿐 아니라 무엇보다 짐을 지고 있는 것이 견딜 수 없다고 한다.

그래서 나는 이렇게 말해 주었다.

"아닙니다. 들어보세요. 당신은 금융회사 직원입니다. 만약 어떤 기업에 융자를 해 줄 수 없는 경우, 그것으로 바로 체념할 겁니까? 그렇지 않겠죠? 다른 방법은 없는지 온갖 각도에서 융자 가능성을 찾는 것이 우수한 금융회사 직원 아닙니까. 조깅이 뜻대로 안 된다고 해서 포기하는 것은 그와 똑같은 겁니다. 뭔가 계속할 수 있는 방법을 찾으면 되지 않습니까."

그 후, K씨는 인터넷에서 '조깅 사정'을 검색하였더니 K씨와 같은 고민을 가진 사람이 많은 것 같았다. 예를 들면 시민 러너의 메카라 일컬어지는 일본 황궁 주변에는 러너에게 옷 갈아입을 장소를 제공하는 목욕탕이 여러 개 있어서 운동복으로 갈아입고 열심히 뛰고 난 후에는 목욕탕에서 샤워할 수 있는 방법을 사용하고 있다는 것이다.

목욕 후에 한 잔의 맥주는 정말 별미일 것이라고 나는 생각하지만 유감스럽게도 K씨의 직장 근처에는 그런 종류의 목욕탕은 없었다. 하지만 '그래서 포기한다면 금융회사 직원의 체면이 말이 아니다'라는 나의 주장이 효과가 있었던지 K씨는 다른 방법을 모색하여 다시 훌륭하게 뛰기 시작했다.

K씨가 생각해낸 방법은 이른바 침구원이다. 역 부근의 침구원에 물었더니 옷 갈아입을 장소를 제공해 주고 또 샤워시설도 이용할 수 있다는 것이었다. 열심히 뛰고 난 후에 받는 마사지는 극

락세계와도 같다고 K씨는 기뻐하고 있었다. 요금도 스포츠 센터 요금과 별로 차이가 나지 않았고 다니는 시간도 단축할 수 있었다고 한다. 얼마 전 밤에 역 부근에서 트레이닝 웨어를 입은 K씨를 보았는데 그 모습과 표정이 무척 발랄했다.

K씨와 같이 모처럼 찾은 스트레스 해소법을 어떤 이유로 단념하지 않을 수 없는 상황이 있다. 그러나 거기서 체념하지 않고 나름대로 궁리를 하면 다시 스트레스를 해소할 수 있는 시간을 만들 수 있을 것이다. 스트레스에 지지 않기 위해서도 그런 시간 활용술을 잊지 않도록 유의하기 바란다.

시간에는 항상
비용 의식을 가져라!

01 조건 반사를 이용한 테크닉

전에 어떤 어머니가 '초등학생 아들이 침착하지 못해서 애먹고 있습니다. 특히 오전 중이 심하다는 말을 담임선생님께 들었습니다' 라면서 내게 상담하러 왔다. 아직 3학년인데, 그 정도면 '건강한 것 같으니 괜찮다' 라고 말하고 싶었지만 무책임하다는 느낌이 들어서 아이의 생활 태도를 물어보았다.

그랬더니 아이의 식사량이 적다는 것을 알게 되었다. 아침식사도 식빵 한 조각 먹는 것이 고작이며, 저녁도 반찬은 제법 먹지만 밥은 작은 밥공기 하나가 고작이었다. 다만 단것은 좋아해서 아침부터 과자, 빵, 푸딩, 될 수 있으면 요구르트를 먹여 보라고 조언했다.

이 아이의 식습관을 통해 보면 뇌의 영양은 포도당에 한정되어 있으며 포도당은 당분밖에 섭취할 수 없을 뿐 아니라 탄수화물의 섭취가 적기 때문에 뇌의 영양이 부족했었고, 그래서 초조해 하는 경향이 있었다. 그래서 아침부터 단것을 권하고 포도당의 섭취를 촉진시켰다.

가능하면 당질을 포함한 요구르트 같은 것이 좋은데 싫어한다면 과자, 빵이나 푸딩도 상관없이 우선 당질을 섭취하는 습관을 들이면 된다.

그 후, 어머니가 열심히 먹였기 때문에 아이는 아침식사를 꼭 먹게 되었다고 한다. 원래 소식이기 때문에 아무리 아이가 좋아하는 단것이라도 계속해서 먹지 않으면 어떻게 하나 불안했는데 현명하게도 어머니는 시간과 먹을 것을 연동시켰다고 한다.

"7시 반은 '단것' 먹는 시간이라고 설명해 주었어요. 아침 7시 반이 되면 단것을 먹어야 한다고 아들도 각오한 모양입니다. 원래 단것은 좋아하니까 비교적 순조롭게 습관화시킬 수 있었어요. 요즘은 요구르트나 아이스크림 외에 샌드위치나 토스트도 먹게 되어 얼마나 다행인지 모르겠습니다. 그리고 학교 선생님도 상당히 침착해졌다고 해서 기뻐하고 있습니다."

내가 이 이야기를 듣고 생각난 것이 유명한 *파블로프의 개다. 개에게 먹이를 줄 때 매번 부저 소리를 울리면 나중에는 부저 소리만 들어도 개는 군침을 흘리게 된다. 설마 어머니에게 '파블로프의 개와 같군요'라고는 말할 수 없었지만 이 이야기와 관련하여 오랜 친구 Y가 생각났다.

*파블로프(Pavlov)의 개: 개의 볼에 수술로 관을 집어넣은 후, 관을 통하여 타액의 분비 양을 측정했다. 벨을 울리고 먹이 주는 것을 반복한 결과 벨만 울려도 군침을 흘리게 되었다. 다시 벨을 계속 울리자 침 흘리는 반응은 차츰 나타나지 않게 되었지만 며칠 후 같은 실험을 해도 개는 역시 타액을 분비한다. 전자를 '소거'라 하고 후자를 '자발적 회복'이라 한다.

02 '이제, 시작'하며 마음과 몸에 스위치를 넣자!

Y는 친구들 사이에서 '알람 왕'이라는 별명이 붙어 있었다. 이름 그대로 항상 알람시계를 가지고 다니면서 무슨 일만 있으면 삑삑 하고 시계가 울린다. 그 때마다 '아, 잠깐 급한 전화 좀 걸고 오겠다'고 말한다. 전에는 여행용 자명종을 항상 가방 속에 넣고 있었는데 그것이 손목시계로 변하더니 현재는 휴대전화를 사용하고 있다.

그런 Y는 알람을 '파블로프의 개'의 부저처럼 사용하고 있었던 것이다. 예를 들면 오후 3시부터 4시까지 데이터 분석을 하는 경우, 3시에 알람을 세트한다. 알람이 울리고 그 시간이 오면 '이제, 시작이다' 하고 집중하는 것이다. 이 때 종료 시간인 4시를 세트해 두면 보다 집중할 수 있다고 한다.

그 이야기를 전에 Y로부터 들었을 때 그 효과에 대해서 반신반의했었는데 앞서 얘기했던 소년의 예로 볼 때 있을 수 있는 일이라고 생각했다. 요컨대 부저나 알람 소리가 조건 반사가 되고 몸과 마음의 '스위치'가 들어가는 것이다. 흥미가 생겨서 오랜만에 Y에게 전화를 걸었더니 자랑하는 듯한 목소리가 들려왔다.

"그렇지? 내 방법에도 일리가 있다는 것을 알았지? 알람이 울리면 내 집중력이 상승한단 말이야. 시간 조절도 할 수 있고 권할 만한 방법이라 생각하네."

Y는 1시간에서 1시간 반 정도 집중해 있고 싶을 때는 클래식 CD의 볼륨을 약간 낮게 조절해 둔다고 한다. 이렇게 하여 곡이 흘러나오는 동안은 '집중하고 있다'고 자기암시를 건다고 한다.

만인에게 권할 수 있는 방법이 아닐지 모르지만 이런 아이디어를 살려서 시간의 질을 높일 수 있는 것이다.

03 시간에 대한 집중을 가져다 주는 사고 방식

그런데 '집중의 달인'이 되면 더욱 잘한다. 텔레비전 커머셜에 서도 유명한 카토키치의 사장 카토 요시카즈 씨는 4번에 걸쳐 카가와 현의 칸온지 시장도 역임한 바쁜 사람이다. 그런 카토 씨는 다음과 같이 잡지에서 기술하고 있다.

'모든 결과의 책임이 나에게 돌아오기 때문에 항상 생각하고 창조해 왔다. 그런 마음으로 있으면 온갖 경험 속에 힌트나 찬스가 숨겨져 있다는 것을 깨닫게 된다. 예를 들면 식사를 할 때도 나로서는 바로 마케팅 그 자체다. 무엇이 팔리고 있는가, 팔리는 이유는 무엇인가. 또 팔리지 않는 상품에는 무엇이 부족한가. 서비스의 방법은 어떤가. 〈중략〉 식사에 한하지 않고 사람과 만나서 이야기를 나누는 것도, 텔레비전을 보는 것도, 놀러 가는 것도 마찬가지다. 사고 방식 하나로 경험에서 얻을 수 있는 것은 전혀 다르다. 그러므로 시간의 사용법이 서툴러서 일이 늦다고 하는 사람은 사용하는 시간의 양을 늘리는 것이 아니라 그 질을 높여 가야 한다'

질질 끌며 시간을 보내는 사람에게는 귀가 아픈 이야기지만 카토 씨는 또 재미있는 지적을 하고 있다. 회사 경영과 자치단체의 행정을 관장하는 데 있어서 다른 것은 예산주의인가 결산주의인가라는 것이다. 관공서에서는 예산을 많이 따오고 직원을 늘려 주는 관리직이 높은 평가를 받는다. 경쟁 상대가 없는 자치단체 에서는 도산의 우려가 없기 때문에 일의 효율 같은 것은 전혀 무 시되고 있다.

이래서는 안 된다고 생각한 카토 씨는 채용을 억제함으로써 인 원 삭감을 실시했다. 재임하는 16년 동안에 699명이었던 정원을 570명까지 줄었으니 과연 우량기업의 경영자답다. 이렇게 되면 직원의 의식이 변하게 된다. 여러 가지 아이디어를 짜내면서 여 러 가지 궁리를 하게 될 뿐만 아니라 전에는 한 사람의 직원이 8 정도밖에 일을 하지 않았었는데 10 이상의 일을 하게 되었다고 한다.

"물론 일의 양도 늘어났고 그 이상으로 일의 질이 좋아졌다고 생각한다. 경영자로서 사원의 시간 사용법에 참견할 수는 없다. 행정부의 장이었을 때도 그랬었다. 그러나 부하직원은 상사의 등 을 보고 크게 자란다. 나의 일하는 태도를 보고 사원이 뭔가 느껴 이해하기를 기대하고 있다." 라고 말하는 카토 씨는 부하 입장에 서 보면 '닮고 싶은 상사' 의 한 사람일 것이다. 그러나 현실적으 로는 이상적인 상사와 만날 확률은 낮다. 이와 같은 상사를 만나 지 못했다면 자기 스스로 10의 일, 12의 일과 기술을 향상해 나갈 수밖에 없다. 그렇게 하기 위해 필요한 것은 시간에 집중함과 동시에 시간에 대한 비용 의식을 갖는 것이다.

'제아무리 예산을 써도 정부가 뒷받침하겠거니 하는 안이한 사고 방식' 으로는 시간에 대한 비용 의식은 높아질 리 없다. 일정한 시간에 구속되어 그 대가로 수입을 얻고 있다는 의식을 가지고는 시간의 비용 감각 따윈 생기지 않는다. 내가 사용하고 있는 시간은 모두 유료다' 라는 확고한 의식이 시간에 대한 집중을 가져다 주는 것이다.

시간의 헛된 사용을
이중으로 하지 않기 위해서

🔟 시간의 낭비가 낭비로 그치지 않는 사고 방식

잡지에서는 흔히 '100만 원의 임시 수입이 있으면 무엇에 사용하겠는가'라는 기획 기사를 싣고 있는데 상당히 오래 전에 한 잡지에서 만화가인 고 오오바 히로시 씨는 이렇게 대답하고 있었다. 그 설정 금액은 500만 원이었는데 일본 탈출을 위해 사용하고 싶다는 것이다. 오오바 씨는 옛날부터 나의 친구였는데 뜻밖의 일면이 인상에 남아 있다.

다만 잡지를 자세히 읽으면 우아하게 해외 여행을 즐긴다는 것이 아니라 가족이 함께라면 페낭(Penang:말레이시아, 말레이 반도 북서안에 있는 작은 섬) 섬으로, 혼자라면 남쪽 섬 어딘가에 가고 싶다는 꿈이었다. 어떤 비행기편을 이용할 것인지 그것까지도 기재하고 있었으니까 그에게는 꿈이라기보다 현실적인 것이었을 것이다. 사실 그 후, 오오바 씨는 가족을 데리고 네덜란드로 이주했다. 본인은 귀국할 예정이었기 때문에 이주는 아닌 화가로서의 재충전을 위해서라고 말하고 있었지만, 분명히 네덜란드에서의 생활은 훗날 오오바 씨의 일에 큰 영향을 주었다고 사료된다.

여유 있는 돈이 있으면 저축하거나, 놀거나, 쇼핑하거나, 자신에게 투자하거나 사용법은 여러 가지다. 그것은 그 사람이 놓여져 있는 상황이나 사고 방식 등으로 달라지게 되는 것이며 절대적인 '정답'은 아닐 것이다. 다만 이상한 것은 시간에 관해서는 이와 같은 질문을 거의 볼 수 없다는 것이다. '만약 3시간이라는 여유 시간이 있으면 당신은 무엇에 사용하겠는가' 라는 앙케트를 나는 본 기억이 없다.

왜 이런 앙케트가 적은가 생각해 보았는데 대답에 별다른 변화(variation)가 없다는 것이 첫 번째 이유이다. '수면이 부족해서 잔다', '일에 충당한다', '연인과 데이트한다', '쇼핑한다', '멍하니 있다' 라는 대답이 대부분이며 읽고 재미있는 대답은 적기 때문이다.

3시간으로는 너무 짧다는 지적이 있을지 모르지만 만약 조건을 '하루'로 바꿔도 별로 대답의 내용은 달라지지 않을 것이라 생각한다. 여기서 다시 그 이유를 생각해보았더니 대부분의 사람은 비교적 일상적으로 몇 시간이나 한나절 정도의 레벨에서 무위하게 지내고 있는 경우가 많다. 따라서 어떤 조건이 주어져도 그것을 활용할 아이디어가 떠오르지 않는 것이다. 요컨대 돈과 달라서 시간에는 '부족감'이 없고, 가령 시간이 주어져도 고마운 마음이 적은 것이다.

그것을 바꿔 말하면 시간을 헛되이 사용하고 있는 사람이 얼마나 많은가라는 것이다. 분명히 앞에서 기술한 바와 같이 '매일 바빠서 시간이 부족하다!'라고 비명을 지르고 있는 사람은 이 바쁜 나라에서도 틀림없이 소수에 불과하다. 기타 많은 사람들은 적당히 여유가 있으며 혹은 적당히 여유를 주체하지 못하면서 생활하고 있을 것이다. '좋아, 이번에는 밤샘도 마다 않고 몸과 마음을 다하여 이 일에 몰두할 거다!'라는 기백이나 각오가 요구되는 일은 항상 있는 것이 아니다.

그것은 그것으로 족하다고 나는 생각한다. '아주 바쁜' 때에 대비해서 한가한 때는 체력이나 지력을 소중히 보존해 두면 된다. 농민이 농번기에는 계속 일하고 농한기에는 독서 같은 것으로 유유하게 지내는 것과 같은 것이다. 따라서 일률적으로 시간의 낭비가 나쁘다는 것은 아니다. 낮잠을 실컷 자도 좋고 친구와 한나절 동안 잡담을 해도 좋다. 그것이 다음을 위한 활력이 된다고 결론을 내렸다면 그것도 뜻이 있는 시간의 사용법이다.

텔레비전 캐스터인 타마루 미스즈 씨는 시간에 대해서 이렇게 말하고 있다.

"시간을 들인 뭔가를 잃어버리면 그만큼 허탈하고 마음 쓰이지만 뭔가를 버림으로써 얻은 것의 크기를 생각하면 시간도 살아나죠."

이 말에 전적으로 동감이다. 시간을 들인 것, 시간을 허비한 것은 그것으로 족하다고 결론짓는 것이 중요하며 만약 그 시간을 낭비라 생각해도 후회하지 말 것이다. 후회하면 언제까지나 그것에 구애되어 이중으로 시간의 낭비를 하게 된다. '어제는 모처럼의 휴일이었는데 하루 종일 멍하니 보내고 말았구나' 라는 날이 있는 것이 인생이다. 그 시간을 에너지원으로 하여 다음 단계로 나아가면 되는 것이다.

02 노구치 선생이 추천하는 '바로 하는 메모'

이렇게 말하면 내가 시간 낭비에 상당히 관용적이라고 생각하기 쉬운데 물론 그렇다고만은 말할 수 없다. 때로는 '이것은 시간 낭비다' 하고 생각하는 경우도 많다. 예를 들면 거리를 걷다가 자주 보게 되는데 빠찡코나 슬롯머신을 하는 사람이 실로 많다. 번화가에서는 가게의 수도 많지만 어떤 가게나 사람들로 대단히 붐비고 있다.

들은 바로는 알이나 코인이 잘 나오는 기계의 쟁탈전은 치열하고, 인기 가게에서는 이른 아침부터 잘 나오는 기계를 찾아서 줄서 있다고 한다. 스트레스 해소를 위한 놀이라 생각하고 빠찡코를 하는 사람도 많겠지만 그 행렬 안에는 빠찡코로 생활하고 있는 사람도 있다는 말을 듣고 놀랬다. 하루에 100만 원 이상 버는 사람도 있다고 한다.

옛날에는 빠찡코라고 하면 서민의 사소한 놀이였었는데 요즘엔 완전히 본격적인 도박이 되어 있는 것이다.

그런 빠찡코나 슬롯머신으로만 생활하고 있는 한 청년의 하루를 텔레비젼에서 소개한 적이 있었다. 20대 초반의 그 청년은 일정한 직업을 갖지 않고 거의 매일 빠찡코 가게에서 살다시피 하고 있었다. 당연히 부모는 취직할 것을 바라고 있지만 본인이 '하고 싶은 것을 찾지 못했다' 는 이유도 있었을 뿐 아니라 빠찡코로 한 달에 평균 300만 원 정도의 '수익' 이 있기 때문에 아르바이트보다 편히 벌 수 있는 모양이다.

물론 벌리는 기계를 찾거나 장시간 기계와 마주하고 있는 육체적인 피로도 큰 것 같다. 그래도 그런 생활을 그만둘 수 없는 것은 '달리 하고 싶은 것이 없기 때문' 이라고 말하는 청년의 표정은 나이 이상으로 늙어 보였다.

그런 프로에서 내가 주목한 것은 청년이 만들어 오는 '수지 명세서' 였다. 작은 다이어리에는 가게의 이름, 기계 번호, 투입한 금액, 회수한 금액이 빽빽하게 적혀 있다. 그것은 마치 '경영 보고서' 같았는데 그것이 그의 빠찡코의 프로로서 가진 '생명선' 일 것이다.

빠찡코에서 돈을 버는 일이 쉬운 일은 아닐 것이다. 그 길에는 그 길이 아니면 안 될 냉혹한 현실이 있겠지만, 그는 면밀하게 기재한 '수지 명세서' 를 적절히 이용함으로써 연간 수지를 흑자화하고 있었다.

나는 이 명세서를 보았을 때 《'초' 정리법》 같은 베스트셀러로 유명한 히토츠바시 대학 교수 노구치 유키오(野口悠紀雄) 선생의 얼굴을 떠올렸다. 노구치 선생의 시간 사용법은 이 책에서도 소개하고 있는데 선생이 제창하고 있는 '바로 하는 메모' 가 생각난 것이다.

그것은 수첩에 기록할 정도의 것은 아니지만 몇 시간 이내에 처리해야 할 것을 메모해서 클립으로 정리해 두는 방법이다. 처리를 마친 메모는 파기하고 만약 그 날 중에 처리하지 못하면 메모를 봉투에 넣어 둔다. 봉투에 ' 월 일 미처리' 라고 적어 두면 잊는 일도 없다. 이 메모에는 약간의 아이디어를 적어둘 수도 있으며 '잊어버리기 방지'에도 상당히 효과적이다.

'바로 하는 메모'는 이른바 일의 '예정표'이며 청년의 '수지 명세서'는 '사후 보고서'다. 양자의 문서로서의 성질은 정반대이지만 시간을 단축화하여 일을 보다 효율적으로 추진할 수 있다는 점에서는 일치하고 있다. 일에 필요한 데이터를 사전 체크하는가 사후 체크하는가의 차이뿐이다.

3 일기 쓰는 방법으로 시간 만들기를 잘하게 된다

'바로 하는 메모'와 비슷한 방법을 이용하고 있는 사람은 비교적 많은 것 같다. 메모가 아니라 예정표에 그것들을 기재해 둘 수도 있다. 그러나 '수지 명세서'적인 보고서를 쓰고 있는 사람은 많지 않다고 생각한다. 유일하게 생각할 수 있는 것이 일기인데 바쁜 비즈니스맨 중에 매일 빠뜨리지 않고 일기를 쓰고 있는 사람은 적을 것이다.

그런데 이것이 시간을 유효하게 사용하는 데 있어서 상당히 도움이 된다. 예를 들면 좌우 양면을 한꺼번에 사용하는 다이어리가 있다면 왼쪽 페이지에 예정을 쓰고 오른쪽에는 그 날의 한 일, 할 수 없었던 일들을 적는다. 그렇게 하면 그야말로 일목요연하다. 예정하고 있던 일 중에서 달성하지 못한 것, 내용적으로 만족하지 못한 것이 훌륭하게 부각된다. 요컨대 시간의 사용법의 '사후 리포트'가 되는 것이다.

예를 들면 예정표에는 오전 10시='회의 자료 작성, 카피 30부'라고 적었다고 하자. 이 때 반드시 종료 시간을 명기해 두는 것이 이 리포트의 포인트다. 만약 1시간 정도로 끝낼 수 있는 일이라면 종료 예정을 11시까지라고 기입해 둔다. 그리고 작업이 끝나면 오른쪽 페이지에 종료된 시간을 기입한다.

이렇게 하면 자신이 한 일의 스피드를 정확히 파악할 수 있다. '이 정도 내용의 회의용 자료를 만드는데 40분은 너무 많이 걸린다고 반성하면 그것을 30분에 쓰는 의식이 싹튼다. 그 10분을 단축하려면 어떻게 하면 될까라는 아이디어도 나오게 된다. 이런 프로세스가 '시간을 잘 사용하는 사람'으로 변하게 하는 것이다.

만약 이 '사후 리포트'를 쓰는 것이 귀찮으면 예정표에 적힌 항목에 ○표나 ×표만 해도 된다. 달성하였으면 ○, 안 되었으면 ×, 만족스럽지 못하나 그저 그런 대로라면 △라는 식이다. 처음에는 이런 방법으로 시작하고 서서히 본격적인 리포트로 발전시켜 나가면 된다. '일기 같은 건 시간이 없어서 못 쓴다고 생각하는 사람도 이 방법이라면 할 수 있지 않을까 한다. 이것을 참고로 이용하면 시간의 사용법이 크게 달라질 것이다.

잊어서는 안 될 시간술

❶ 시간이 없다고 고민하는 사람은 온갖 일에 대한 속도를 올리도록 꾀해 보자.

❷ '포상의 시간'을 만들면 '소중한 시간'의 밀도는 높아진다.

❸ 좋아하는 것을 먼저 하면 집중력이 높아져 다이내믹하게 시간을 사용할 수 있다.

❹ 조건 반사를 이용하여 시간의 조절을 한다.

❺ 사용하는 시간의 '양'이 아니라 '질'을 높이는 것이 중요하다.

❻ 헛된 시간을 후회하면 이중으로 시간을 낭비한다.

❼ 시간의 사용법은 '사후 리포트'로 반성할 점을 명확히 한다.

Chapter 06

인간 관계를
행복하게 하는 시간술

왜 저 사람 주위에 사람이 모이는가

상대방의 시간을 잘 읽는 법

01 사람에 따라 다르게 느끼는 시간법

베스트셀러가 된 《코끼리의 시간, 쥐의 시간》의 저자인 모토카와 타츠오 도쿄 공업대학 교수가 재미있는 것을 쓰고 있다. 그것은 생물에 따라서 시간이 경과하는 속도가 다르다는 것으로, 체중이 10배 정도 다르면 시간이 2배나 느리게 느껴지는 모양이다. 분명히 코끼리는 느긋한 시간이 속에서 지내고 있는 것처럼 보이고 쥐의 생활 시간은 실로 분주한 것처럼 보인다.

그런데 더 재미있는 것은 이러한 현상은 동물에만 한한 것이 아니라 인간에게도 적용된다고 카와모토 선생은 기술한다. 아이들은 노인보다 에너지 소비량이 높은데 그것은 체중당 에너지 소비량이 젊은 사람일수록 높고, 나이를 먹으면 낮아지기 때문이라고 한다. 에너지 소비량과 시간의 속도는 비례하는 관계에 있기 때문에 어린아이의 시간의 속도는 노인보다 압도적으로 빠르다. 요컨대 아이의 시계는 노인의 시계보다 바늘이 가는 스피드가 빠른 것이다.

시간을 느끼는 방법이라는 것은 미묘한 것으로 앞에서 기술한 것처럼 공부나 업무 목표가 있을 때는 시간의 경과가 빠르게 느껴진다. 요컨대 바쁠 때는 시간이 빨리 가고 이렇다 할 목표가 없이 한가할 때는 시간이 더디게 간다. 한가할 때 시간을 주체하지 못하는 것은 그 탓이다.

그러나 한편으로는 나이에 비례하여 시간의 흐름이 빠르게 느껴진다는 면도 있다. 노인들이 흔히 '정월이 엊그제인가 했더니 벌써 1년이 다 지났네. 정말로 나이를 먹으면 시간 가는 것이 빨라' 하고 푸념하는데 이것은 모토카와 선생이 지적하듯이 실감난다.

시계 바늘은 아이나 노인이나 똑같이 움직이는데 그 느껴지는 감각이 서로 다르다는 것은 우리에게 많은 것을 알려준다. 아이와 노인이 느끼는 시간의 스피드가 다르다는 것인데 이 차이는 좀더 복잡한 것으로 개개인의 인간에 따라서 시간의 느끼는 방법은 상당한 차가 있는 것처럼 생각한다. 실은 그렇게 생각하게 하는 상담이 얼마 전에도 있었다.

02 공유하는 시간의 소중함을 인식하자

Y씨는 63세의 주부로 3살 위인 남편은 은퇴한 지 5년 가까이 된다. 남편은 이른바 전형적인 직장맨으로 현역 때는 가정을 별로 돌보지 않았었는데 퇴직 후에는 약간이지만 가사를 거들고 함께 온천에 갈 때도 많아졌다고 한다. 그런데 모처럼 기대하고 있던 제2의 인생이 오히려 남편과의 마음의 갈등이 두드러지게 드러나게 되었고, 그것이 원인인지 두통이 생기고 어깨 결리는 것도 심하다고 호소해 온 것이다.

"남편은 무슨 일에도 성급한 사람입니다. 식사 준비가 늦어지면 당장에 '빨리 해' 하고 소리 지르고, 물건 사러 가서도 차분히 물건을 고르고 있을 시간이 없습니다. 매사에 이런 식이니까 즐거워야 할 여행도 느긋하게 할 수 없습니다. 혼자서 훌쩍 앞서 걸어가면 나는 따라가는 것이 고작입니다. 이런 때 두통이 납니다. 남편이 근무를 하고 있을 때는 평상시에 바쁘기 때문에 할 수 없다고 생각하고 있었는데 그렇지 않고 원래 성급한 성격입니다. 그렇게 생각하자 절망적인 기분이 되어 이렇게 감각이 다른 사람과 이대로 생활을 잘 해 나갈 수 있을까 하고 불안을 느낍니다."

이 부인의 호소는 지당한 것이다. 앞으로 부부가 유유하게 여생을 즐기려 할 때 중요한 파트너와 '시간의 감성'이 크게 달라져 있다면 절망적이 된다. 부부는 배려가 중요하다고 흔히 말하는데 배려 속에는 '상대의 시간을 배려한다' 는 요소를 빠뜨릴 수 없다. 서로 가정이라는 공유의 자리에서 생활하는 이상 상대의 시간을 존중하지 않으면 삐걱거리는 관계가 되어 버린다.

물론 이것은 고령의 부부이기 때문에 일어나 문제가 아니다. 비록 젊은 부부라도 남편과 아내의 시간에 대한 '감성' 이 빗나가면 충분히 일어날 수 있다. 생활의 페이스가 맞지 않는다, 함께 있어도 마음이 안정되지 않는다, 마음의 안온함을 느낄 수 없다는 문제가 있는 경우, 그 원인이 '시간' 에 있다는 것을 생각할 수 있다. 가정이라는 한정된 공간에서는 시간의 흐름이 단순하지 않다는 것을 명심해야 할 것이다.

■ 성급한 사람의 시계 바늘은 빨리 돌고 있다?

《코끼리 시간, 쥐의 시간》에서처럼 시간의 느끼는 감각은 서로 다르다. 코끼리의 시간은 느릿느릿 지나고 쥐의 시간이 빠르다는 것은 몸의 크기가 원인이라고 하는 설은 실로 여러 가지를 가르쳐 준다. 모토가와 선생의 이야기에서는 이것은 인간에게도 적용

된다는 것이기 때문에 몸이 큰 사람과 작은 사람은 시간의 감각
이 다르다는 것도 생각할 수 있다.

지금은 모두 은퇴하였지만 전 요코즈나(橫綱:스모 역사의 최고
계급) 아케보노(曙)와 마이노우미(舞の海) 두 사람은 아무리 보아도
시간에 대한 감성이 달라 보인다. 마이노우미에게 10분은 눈 깜
짝하는 사이에 지나가지만 아케보노에게는 30분 정도의 길이로
느껴지는 것처럼 보인다. 그렇게 생각하면 시간이란 재미있는 것
이다.

몸의 크기뿐만 아니라 성격에 따라서도 시간을 느끼는 감각이
다른 것 같다. 간단히 말해서 느긋한 성격의 사람은 시간이 길게
느껴질 것이고, 곁에서 보아도 이런 타입과 함께 있으면 시간이
더디게 지나간다. 한편, 성급하고 조급한 사람의 시계 바늘은 틀
림없이 빨리 돌고 있을 것이고, 또 함께 있으면 답답한 느낌이
든다.

요컨대 시간을 느끼는 감각이 모두 같다고 하는 착각에 우리들
은 빠져들기 쉽다. 자신이 느끼고 있는 시간과 주위 사람이 느끼
고 있는 시간은 거의 같다고 생각하는 경향이 있다. 그런데 그렇
지 않다. 코끼리와 쥐 정도까지는 아니지만 사람은 각자 시간을
느끼는 감각이 다르다.

이런 감각의 차이가 일상생활 속에서 구체적인 문제를 일으키

는 것은 아니다. 극단적인 논의이지만 아케보노와 마이노우미가 함께 시간을 지내도 서로 생활에 지장을 초래하지는 않을 것이다. 성급한 사람과 느긋한 사람이 생활하는 것도 반대로 좋은 궁합이 될지도 모른다.

04 야단치는 사람, 야단맞는 사람의 시간 차이

그런데 유일하게 시간을 다르게 느낌으로써 인간 관계를 깨뜨릴 수도 있는 상황이 있다는 것을 알아야 한다. 그것은 야단치는 사람, 야단맞는 사람이라는 관계다. 시간에 대한 감성, 느끼는 방법은 사람에 따라 다르다는 말을 했는데 야단맞고 있을 때는 시간 가는 것이 더디다. '제발 빨리 설교가 끝났으면' 하고 생각하는 것이 보통인데 이런 때는 마치 시계 바늘이 정지되어 있는 것처럼 느껴진다.

한편, 야단치는 측은 시간 따윈 신경 쓰지 않는다. 때로는 마음속의 울적함을 푸는 좋은 찬스라도 되는 듯이 장황하게 설교하는 타입도 있다. 같은 말을 몇 번씩이나 되풀이하면서 야단치거나 한다면 야단맞는 측은 지긋지긋할 뿐이다. 양자 사이에는 시간이

라는 두꺼운 벽이 생겨서 커뮤니케이션을 취할 수 있는 상황이
아닌 사이가 된다.

"잘 들어, 알았어? 두 번 다시 이런 실패하면 안 된다."라는 말
이 나올 때까지 10분 이상 걸렸다 해도 야단치는 측은 3분 정도밖
에 말하지 않았다고 생각할 것이다. 한편 야단맞고 있는 쪽은 20
분 정도로 길게 느낄 것이다. 이래서는 '알겠습니다. 죄송합니다'
라고 사과해도 거기에는 진심이 담겨 있을 리 없다. 왜냐 하면 야
단맞는 쪽은 '너무 길다'고 느끼고 있기 때문이다.

인간 관계를 원활하게 하는 특효약은 없지만 만약 조금이라도
개선할 만한 약이 있다고 하면 그것은 '배려'일 것이다. 배려를
사전에서 찾으면 '그 사람의 입장에서 생각하는 것'이라고 나와
있다.

상대의 입장, 거기에는 상대의 '시간이 되어'라는 요소도 포함
된다. 그것을 하지 못하는 사람은 '시간의 사용법이 서투른 사람'
이며 시간의 사용법을 잘 이용하는 사람은 극히 자연스럽게 상대
의 시간감각을 읽고 이해할 수 있는 것이다.

'자리를 읽는다'는 것은 시간을 읽는 것

🔲 그 때, 그 자리에서 무엇을 하면 되는가

만약 상대의 시간을 읽을 수 없으면 일에서도 큰 마이너스 포인트가 된다. 요컨대 일을 못하는 사람이 된다. 그런 전형을 나는 가끔 파티나 행사에서 본다.

나는 여러 파티나 행사에 참석하는 일이 많은데 여전히 장황한 스피치가 끊이지 않는다. 행사 참석자 전원이 '빨리 끝내라'는 소리 없는 소리를 지르고 있는 것을 알 것도 같은데 장황하고 의기양양해서 스피치를 늘어놓고 있는 사람이 얼마나 많은가.

장황한 스피치가 몇 사람 계속되면 자신은 짧게 스피치하는 것이 배려이며 '기지'라고 생각하는데, 마치 앞의 사람과 팽팽하게 맞서고 있는 것은 아닌가 생각할 정도로 의기양양하게 스피치를 계속하는 사람이 있다. 이런 타입은 상대의 시간, 자리의 시간을 읽지 못하는 사람이라고 동정마저 하고 싶어지는데 본인은 그것을 자각하지 못한다. 이런 사람을 고칠 약은 없는 것일까.

이미 타계하여 고인이 되었지만 작가 야마모토 시치헤이 씨의 저서에 《공기의 연구》라는 작품이 있었다. 앞에서도 약간 언급했지만 공기를 읽는 것은 그 자리의 상황을 읽는다는 것이다. '자리'에는 여러 가지 요소가 포함된다.

예를 들면 결혼식장에서 스피치를 할 때는 출석자의 표정이나 태도, 전체의 분위기 등 섬세한 것을 말하며 테이블 위에 놓여 있는 요리 등이 그 자리의 공기를 나타내는 '재료'가 된다. 이것들을 종합적으로 분석하여 자신이 취해야 할 태도를 정하는 것이 '자리의 공기'를 읽는 것이 되는데 말하기는 쉽지만 이것을 행하기는 어렵다. 정확히 그 자리의 공기를 읽을 수 있는 사람은 많지 않다. '빈틈없는 사람'이라는 표현이 있는데 바로 그 자리의 공기를 읽을 수 있는 사람이야말로 배려할 수 있는 사람이다.

특히 일에서는 자리의 공기를 정확히 읽는 것이 필요하다. 그 것은 어떤 일에서나 요구되는 것으로 엉뚱하게 잘못 읽기만 하고 있으면 '일 못 하는 무능한 사람'이라는 평가밖에 받지 못한다. 그 때 그 자리에서 무엇을 하면 될 것인가, 어떻게 대처하면 될 것인가, 그것을 부족함 없이 할 수 있는 사람이 일 잘하는 유능한 사람이다.

⒇ 최고의 세일즈맨은 시간의 사용법이 훌륭하다

자리의 공기를 정확히 순간적으로 읽어야 할 대표적인 직업은 영업일 것이다. 손님에게 물건을 사게 하려면 '밀고, 당기고' 하는 타이밍이 있을 텐데 그 '조절'을 잘하는 사람이 최고의 세일즈맨이 될 수 있는 것이다.

전에 자동차 세일즈 왕의 인터뷰 기사를 본 적이 있는데 그것은 바로 자리의 공기를 철저히 읽고 있는 자세였다. 그 사람은 10년 이상이나 전국 딜러로 다섯 손가락에 들 정도의 세일즈맨으로, 상담의 모토는 무대에서 연기하듯이 차를 파는 것이라고 한다. 요컨대 처음부터 '어떻습니까. 최신형으로 가장 추천할 수 있는 모델입니다'라고 직접적으로 말하는 것이 아니라 처음에는 상대의 반응을 관찰하고 서서히 차를 사고 싶다는 식으로 자리의 분위기를 돋우어 나가는 것이다.

그 세일즈맨의 말 속에서 가장 주목한 것은 상담 중에도 '기승

전결(起承轉結)'이 있다는 것이었다. 불과 15분 정도의 상담 속에서 최초의 '기(起)'에서는 약간 빠른 듯한 말투의 인상을 주고, '승(承)'에서는 과감히 페이스를 다운시키고, '전(轉)'에서는 다시 말투를 빠르게 함으로써 변화를 주고 마지막 '결(結)'에서 차분히 상대를 설득시키는 것이 기본 패턴이라고 한다.

그 때 중요한 포인트가 되는 것이 상대방의 '시간'을 읽는 것이라고 한다. 상대가 '시간'을 주체하지 못하고 있는지 여부를 정확히 판단하여 세일즈 멘트를 추진하는 것이 성공의 포인트가 되는 것 같다. 항상 '시간'이라는 공기를 헤아리면서 물건을 파는 탑 세일즈맨의 만만치 않은 전략이다.

⓷ '시간'을 준비하고 있던 리포터의 승리

이와 같이 그 길의 프로는 '시간'을 교묘하게 무기로 하고 있는데 '시간'을 사전에 예측하고 그것에 대비하여 성공한 예도 있다. 그것은 한 여성 텔레비전 리포터의 이야기다. 그녀는 조그만 지방 방송국 전속 리포터로 활동하고 있었는데 어떤 계기로 현재는 프리가 되고 *키 스테이션(key station)의 프로에 많이 출연하고 있다 한다.

정보 프로의 중계 방송에 리포터가 출연하고 있을 때 시간이 남게 되는 장면을 많이 본다. 스튜디오의 캐스터 질문도 계속되지 않고 멍한 표정으로 마이크를 들고 있는 리포터의 모습이 보이곤 한다. 그런 방송 실수를 많이 보아 온 그녀는 은밀히 간결한 온도계와 습도계를 항상 숨겨 가지고 출연하고 있었다.

그리고 밤 벚꽃 중계 때 그것을 가지고 활약하게 된다. 준비하고 있던 원고를 다 읽었는데 중계 시간이 연장되어 시간이 남고만 것이었다. 스튜디오의 캐스터가 '벚꽃을 구경하러 온 사람들은 모여 있습니까?' 하고 물었지만 그 이상 이야기가 진행되지 않았다. 이 때 그녀는 준비하고 있던 온도계와 습도계를 꺼내서 '현재 기온은 8도, 습도는 23퍼센트. 공기가 건조하기 때문에 체감 온도는 좀더 낮습니다. 벚꽃을 즐기고 있는 분들도 약간 추운 것 같습니다' 하고 멋지게 남은 시간을 메웠다.

이와 같이 일에는 항상 예측하지 않았던 일이 일어날 수 있다. '시간'이 남는다거나 부족하거나 하는 경우도 많다. 거기에 대비하여 사전에 준비하는 것도 '시간'을 읽는 것이며 그것을 할 수 있는 사람은 '시간'의 사용법이 능숙한 사람이다.

*키 스테이션(key station):네트워크의 중심이 되어 각 지역의 가맹 방송국에 프로를 중계하는 방송국

교제를 깊게 하는 비결은
최초와 최후의 1분

📧 최초의 1분으로 무엇을 호소할 수 있는가

승리팀, 패배팀이라는 말을 많이 듣게 되었는데 이기고 지는 것이 한순간에 결정되는 경우도 있고 길어지는 경우도 있다. 스포츠에서 말하면 유도나 검도는 한순간의 빈틈이 치명상이 되지만 야구나 축구 같은 구기는 대체적으로 장시간의 싸움이 된다.

어떤 것이나 승패의 냉혹함에는 변함 없지만 단시간인가 장시간인가 하는 것은 인간 관계에서도 중요한 요소가 될 수 있다.

예를 들면 첫 인상이라는 말이 있는데 만난 순간에 '이 사람과는 왠지 마음이 맞을 것 같다'고 느끼는 경우가 있다. 반대로 '이 타입과는 좋은 관계를 갖게 될 것 같지 않다'고 생각하는 첫 인상도 있다. 그것이 그 후의 인간 관계 모든 것을 지배하는 것은 아니지만 역시 첫 인상이 좋으면 그 후의 관계도 순조롭게 나갈 것이다. 특히 영업직같이 매일 처음 만나는 사람이 많은 직업에서는 첫 인상이 사업의 승패를 결정한다고 말할 수도 있다.

세일즈맨은 그런 점을 어떻게 생각하고 있는지, 이전부터 흥미가 있었는데 요즘 그 대답을 가르쳐 주는 사람과 만났다.

F씨는 50대 중반의 여성이다. 실례지만 외모는 흔히 볼 수 있는 '아주머니'인데 모 보험회사에서 30년 이상이나 세일즈 왕의 지위를 확보하고 있으며 현재는 후배 교육도 담당하고 있다. 얼마나 지독한지 사내에서는 사장이 그녀에게 인사할 정도라고 하니 상상할 수 있을 것이다.

F씨는 '물론 모든 사람에게 처음부터 좋은 인상을 준다는 것은 불가능하지만 나쁜 인상을 주지 않을 자신이 있습니다. 그 비결은 최초와 최후의 1분, 그 2분에 있습니다'고 말한다. 첫 대면 때 2분이면 첫 인상을 좋게 한다? 역시 세일즈 왕답다고 나는 감탄하였지만 그녀의 말을 들으니 그것은 충분히 납득할 만한 것이었다.

우선 최초의 1분에 대해 이야기하면서 F씨는 항상 원색 계통의 화려한 슈트를 입고 있을 때가 많다는 것부터 이야기가 시작되었다.

"원래 화려한 색을 좋아하지만 이것은 나의 유니폼이라 생각하고 있습니다. 누구나 나를 '화려한 아주머니'라고 생각하겠죠. 나도 그렇게 생각하니까요(웃음). 하지만 이것으로 상대에게 강렬한 인상을 줄 수 있는 것은 틀림없어요. 이것도 전략입니다. 그리고 상대의 반응을 봅니다. 대체로 거의 대부분의 사람은 '이렇게 화려한 사람은 아무래도……'라는 표정이 보입니다. 그런 사람에게는 될 수 있는 한 진지하게 성의가 담긴 말투로 말합니다. 외모는 이렇게 화려하지만 속은 견실합니다. 복장은 영업용일 뿐이라고 어필하는 거지요. 그러면 그 낙차가 신선해서 내 말에 흥미를 가져 주는 사람이 나오는 겁니다."

어떨까. '그 정도는 다른 영업 사원도 하고 있다'고 판단할 수도 있겠지만 그것을 실적과 결부시키고 있기 때문에 그녀의 말은 충분히 설득력이 있다고 나는 생각한다.

02 최후 1분의 결정법

다시 그녀는 말을 계속한다.

"내 외모에 위화감을 갖지 않는 사람, 이런 타입에는 내가 얼마나 우수한 세일즈맨인지를 어필합니다. 그런 자신감이 이런 화려한 복장에 나타나 있다는 것을 강조하는 겁니다. 실적이 좋은 세일즈맨이라면 안심할 수 있다는 고객이 있기 때문에 그런 사람에게 내 자신을 파는 겁니다."

이 1분간에 대체로 승부가 난다. 그 후, 보험 상품의 설명을 하는데 이것은 사무적인 대화다. 계약 체결 여부는 최후의 1분이 또 승부수가 된다고 한다.

"물론 그 자리에서 계약이라는 달콤한 얘기만 하는 건 아닙니다. '그러면 아무쪼록 잘 검토하여 주시기 바랍니다' 라는 결정 보류의 말이 나오게 되는데 이 경우 헤어질 때가 중요합니다. 요컨대 최후의 1분간. 여기서는 '가는 자 잡지 않고, 오는 자 막지 않는다' 는 것이 원칙입니다. 몇 분 동안 세일즈 멘트를 하면 가입 가능성이 몇 퍼센트 정도가 될지 알 수 있습니다. 가입 가능성이 낮은 사람에 대해서 '들어 주십시오' 하고 억지로 졸라야 도망갈 뿐이죠. 판촉물이나 선물에 관한 이야기를 하며 상대에게 계약에 대한 관심을 갖게 하는 것이 포인트입니다. 오는 자, 요컨대 보험이나 나에게 어떤 흥미를 보인 사람에게는 강력하게 어필하여 어떻게든 다음 약속을 합니다. 여기까지 오면 계약은 거의 OK입니다."

상대의 심리를 교묘하게 읽고 단 2분 만에 이만한 일을 하고 있는 것이다. 자신의 능력이나 경험을 살려서 단시간을 풀로 사용하고 있는 것이다.

　나는 직업 성질상 첫 대면에 자신을 팔려고 생각한 적은 없지만 그래도 첫 대면에 호감을 갖게 하는 것이 좋은 것은 말할 것도 없다. 첫 대면 때야말로 단시간이 승부라는 그녀의 '시간 철학'은 크게 참고가 된다.

'사람을 쓴다'는 것은
타인의 시간을 쓰는 것이다

🔲 타인의 시간을 유용하여 성공한 명 편집장

불황이 오래 계속되고 정리 해고된 중, 고년층의 재취직이 더욱 어려워진 것 같다. 전에 내 병원에도 구조 조정 때문에 고민하여 건강을 해친 사람이 온 적이 있었다. 기계회사의 중각 관리직으로 근무하는 40대 중반인 그는 해고를 당하는 쪽이 아니라 정리 해고를 결정하고 통보하는 인사과장이었다. 생각하기에 따라서는 정리 해고당하는 것보다 더 괴로운 입장인지도 모른다.

그 사람이 절실하게 말하고 있는 것은 사람을 사용하는 법의 어려움이었다. 자신은 얌전하고 부드러운 성격이기 때문에 말하고 싶은 것을 거리낌 없이 말할 수 없다. 부하직원에게 일을 분부하기보다 스스로 떠안아 버리는 경우가 많고, 결국 기한이 빠듯

해져서 SOS를 보내는 경우도 많다. '높은 자리에 앉아 있기에는 실격입니다' 라고 자신을 비웃듯 웃고 있던 것이 생각난다.

내가 아는 A씨는 이 과장과는 정반대의 인물이다. 모 상장 기업의 이사까지 근무했던 사람인데 '높은 자리에 앉아 있으려면 사람을 쓸 때 거친 편이 낫다' 는 것이 지론이었다. 사람을 부하의 능력, 경험, 지식, 시간 등을 사용하는 것이며 그것들 전부를 발휘하게 하는 것이 사람을 잘 쓰는 비법이라고 한다.

이 말 중에서 특히 인상에 남은 것이 '부하의 시간을 쓴다' 는 것이었다. 분명히 사람을 쓴다는 것은 바로 고용된 사람의 '시간을 쓴다' 는 것이다. 그것을 어떻게 잘 사용하는가가 요컨대 사람을 쓰는 데에 능한 사람이라고 할 것이다.

그래서 생각난 것이 주간지 〈여성 자신〉의 편집장으로 활약하다가 현재는 '여성론' 등 많은 책을 쓰고 있는 사쿠라이 히데노리 씨의 이야기다. 사쿠라이 씨가 현역 편집장으로 근무하고 있을 무렵에는 아직 비디오 같은 것은 없던 시대다. 그러나 텔레비전은 융성해서 여성들에게 인기가 많은 연속 드라마는 1주일에 여러 편 방송하고 있었다.

여성지의 편집장쯤 되면 여성이 열심히 보고 있는 드라마 정도 보지 않는데서는 말이 안 된다. 그런데 편집장이라는 일은 격무 때문에 도저히 텔레비전 앞에 차분히 앉아 있을 수 있는 시간이 없다. 지금이라면 비디오, DVD에 녹화하면 되지만 당시는 그런 '문명의 이기'에 의존할 수 없었다.

그런데 여기서 당신이라면 어떻게 하겠는가. 아마도 정보를 수집하려고 할 것이다. 부인이나 형제, 친구 혹은 한가한 부하직원에게 부탁하여 드라마를 보게 하여 줄거리를 파악해 두는 것이다. 이렇게 하면 드라마의 대체적인 내용을 이해할 수 있고 무엇이 유행하고 있는지 화제에 뒤지는 일은 없다.

사쿠라이 씨가 취한 방법도 이것과 비슷하다. 그러나 보다 철저했다. 사쿠라이 씨는 몇 사람의 주부나 OL과 개인적인 '모니터 계약'을 맺고 인기 드라마를 보게 하여 그 줄거리나 감상을 리포트로 제출하게 한 것이다. 사쿠라이 씨 자비로 지급되는 보수를 받기 때문에 모니터도 적당한 리포터는 쓸 수 없다. 어느 정도 레벨 높은 리포트를 손에 넣음으로써 일에 큰 도움이 되었다고 한다.

이것이야말로 '타인의 시간을 유효하게 이용'한 전형이다. 자신은 움직일 시간이 없을 때 나에게 도움이 될 만한 타인의 시간을 사용할 수밖에 없다. 그렇게 함으로써 자신의 시간 '총량'은 자동적으로 증가하게 된다.

게다가 여기서 중요한 것은 그 대가로서 사쿠라이 씨가 정확히 돈을 지불하고 있다는 것이다. 앞에서도 기술했지만 자신의 시간이나 타인의 시간에 한하지 않고 시간을 사용한다는 것은 그만큼의 비용이 든다는 것이다.

　이 부분에서 실수가 있으면 모처럼 사람을 사용해도 바라고 있는 결과는 얻을 수 없다. 고용된 쪽은 시간이나 능력을 제공하고 있기 때문에 그와 동등한 대가를 얻을 수 없으면 열심히 일하려 하지 않는 것은 당연하다.

▣2 배려가 남의 시간을 잘 사용하는 요령

　또 한 가지 중요한 것은 사용하는 측과 고용된 측의 신뢰 관계다. 이것은 일하는 한 여성에게 들은 이야기인데 카피하라는 부탁을 받았을 때 기꺼이 할 수 있는 상대와 마음이 내키지 않는 상대가 있는 것 같다. 건방진 태도를 취하는 인간은 논외이지만 어딘가 무뚝뚝하고 어두운 인상을 주는 사람에게 부탁을 받으면 우울해진다고 한다.

　반대로 항상 웃는 얼굴로 카피를 부탁하고 때로는 출장에서 돌아오면 선물을 주는 사람이라면 신이 나서 카피를 한다는 것이다. 분명히 이런 배려가 '타인의 시간을 잘 사용하는' 요령일 것이다. 여기서도 시간의 사용법에 차이가 생기는 것이다.

사람을 사용한다는 것은 사람의 능력, 경험을 사용하는 것이라는 말을 했는데 능력이나 경험을 이용하는 것은 시간의 유효한 이용으로서 실로 가치가 있다.

속담에 '묻는 것은 한 때의 수치, 묻지 않는 것은 일생의 수치'라는 말이 있는데 다시 바꿔 말한다면 '묻는 것은 한 때의 미덕, 묻지 않는 것은 일생의 손해'이다. 그 정도로 타인의 '자원'은 매력적인 것이다.

예를 들면 앞으로 컴퓨터를 시작하려는 사람은 자신이 행운아라고 생각하는 것이 좋다. 왜냐 하면 지금은 컴퓨터를 사용하고 있는 사람이 많기 때문에 '강사'에 부족함이 없다. 컴퓨터를 사면서 잘 사용하지 못하는 사람은 대부분이 많은 매뉴얼을 보고 자신을 잃고 만다. '이것을 읽지 않으면 마스터 할 수 없는가' 하고 암담한 기분이 되어 버리는 것이다.

분명히 아주 두꺼운 매뉴얼을 읽고 있으면 시간이 아무리 있어도 끝이 없다. 컴퓨터를 조작하기 전에 *안정피로(眼精疲勞)가 되어 버릴 우려도 있다. 그런 매뉴얼에 의존하지 않고 컴퓨터를 할 수 있는 사람을 데려오는 것이 몇 십 배나 효율적이다. 사람을 쓰면 시간이 얼마나 절약되는지 뼈에 사무치도록 느끼게 될 것이다.

*안정피로(眼精疲勞):눈을 사용하는 일을 할 때 보통 사람이라면 피로를 느끼지 않을 경우에도 눈이 피로해져 아파지거나 머리가 무겁거나, 어깨가 결리고, 구토를 느끼는 하는 상태.

잊어서는 안 될 시간술

- ❶ 인간 관계에서는 '시간의 감성'을 의식하고 상대의 시간을 배려하는 것이 중요하다.
- ❷ '시간'이라는 공기를 읽는 것이 성공의 키가 된다.
- ❸ 남에게 주는 인상은 최초 1분, 최후의 1분이 승부다.
- ❹ 자신의 시간이 부족하다면 남의 시간을 유효하게 이용한다.

에필로그

'인생의 주어진 시간'을 한결같이 살자

시간에 구애되지 말고 시간에 묶이지 말고

'시간'에 관한 책을 쓴 덕택에 나 자신도 시간의 소중함을 새삼 알게 되었다. 그런 의미에서 이 책은 나의 '시간학'의 집대성이라 말할 수 있을지도 모른다.

또 글을 쓰고 있는 도중에 재확인한 것은 '시간을 잘 사용하는 것'은 '스스로 납득한 인생을 사는 것'이었다.

그것을 가르쳐 준 세이로카 국제병원의 히노하라 시게아키 명예 원장은 매일 아침 5~7시에 기상한다. 아침식사는 주스에다 15그램의 식물성 식용유를 섞은 것과 밀크커피 1잔, 우유 1홉을 마신다. 이것에 요하는 시간은 10분 이내라고 한다.

8시에는 병원에 출근하여 오전 근무를 하고 점심은 우유 1홉과 쿠키 2조각을 먹는다. 히노하라 선생은 운동할 시간의 여유가 없기 때문에 될 수 있는 한 계단을 이용하며 때로는 2계단을 뛰기도 한다. 에스컬레이터도 이용하지 않으며, 공항 등에 있는 무빙 워크 위에서는 서 있는 사람을 걸어서 추월한다고 한다. 그래도 걷는 양은 하루에 2000~3000보에 그친다.

운동량에 한정이 있기 때문에 총 섭취 칼로리는 1300킬로칼로리에 제한하고 있다. 저녁식사는 드레싱을 듬뿍 끼얹은 샐러드를 많이 먹고 밥은 반공기, 그리고 지방이 적은 고기나 생선과 두부를 먹는다. 두부는 될 수 있는 대로 많이 먹고, 식후의 과일도 많은 듯하게 먹는다. 전체적으로는 당질은 적은 듯, 단백질을 많게 섭취하고 있다.

'하루 18시간은 일을 하고 있다'고 히노하라 선생은 말하는데 그 에너지를 이 식생활이 받쳐 주고 있는 것이다.

특히 두드러진 메뉴는 아니지만 이것이 선생의 몸과 마음에 매치하고 있다는 것이다. 사소한 것에 너무 신경 쓰지 않는 것이 건강의 비결인지도 모른다. 정말 히노하라 선생다운 사고 방식, 생활 태도다.

이와 같은 너그러움은 역시 이 책에서 소개한 교토대학 명예교수인 모리 선생과 공통점이 있다. 예를 들면 정년 후의 인생에 대해서 선생은 이렇게 기술하고 있다.

"정년이 되어 '무엇을 할 것인가' 생각하는 것도 이상하다. 취미 생활을 해야 한다, 라이프 워크(lifework:필생의 사업)를 추구해야 한다는 것도 이상하다. 굳이 아무것도 하지 않아도 된다. A를 위해 B를 한다, C를 위해 D를 한다는 것은 현역 시절에 물릴 정도로 해왔을 것이다. 하다 못해 정년퇴직을 한 후에는 그런 인과 관계에서 해방되고 싶지 않겠는가!

시간에 구애되지 않고 시간에 속박되지 않고, 허덕거리지 말고 살자고 하는 선생의 메시지가 마음에 전해 온다.

후회 없는 하루 하루를 지내자

나는 이 책에서 시간의 사용법이 능숙한 사람을 몇 사람 소개했다. 시간의 사용법에 대해서 자기 나름대로 확고한 생각을 가지고 그것을 확실히 실행할 수 있는 사람은 '일 잘하는 유능한 사람', '살아가는 방법이 능한 사람', '인생을 뜻대로 즐기면서 살고 있는 사람' 이라는 것이기도 하다.

시간의 사용법은 그만큼 인생의 테마가 될 수 있을 정도로 중요한 것이지만 한편 그것에 구애된 나머지 항상 마음의 시계 바늘만 신경 쓰고 있으면 즐거운 인생은 보낼 수 없게 된다. 한순간, 한순간을 실수 없이 시간의 효율적인 이용을 지향한다. 그런데 긴 안목으로 '시간' 을 볼 때는 허덕거리지 않고 여유를 가지고 시계의 바늘을 바라보는 그런 자세가 필요한 것이다.

히노하라 선생, 모리 선생 같은 '시간 사용법의 달인' 을 볼 때마다 나는 그렇게 느낀다.

1916년 생인 나는 내년에 90세를 맞는다. 나로서는 하나의 고

비가 되는 나이라 말할 수 있을 것이다. 앞으로 몇 십 년이나 되는 세월이 남아 있는 것은 아니지만 아직은 삶의 불꽃이 활활 타고 있다는 것도 자각할 수 있다.

그런 속에서 생각나는 것이 '인생의 주어진 시간이야말로 인간이 가장 소중히 해야 할 '재산' 이라고 생각한다' 는 작가 고 이케나미 쇼오타로 선생의 말이다.

누구에게나 평등하게 주어져 있는 이 인생의 '주어진 시간' 을 소중히 하여 후회 없는 하루 하루를 보내고 싶은 것이다.

사이토오 시게타

memo

memo

m e m o

memo

하루를 자신있게 열어가는 책

원제 頭のいい人の時間術

2007년 01월 5일 1판 1쇄 인쇄
2007년 01월 10일 1판 1쇄 펴냄

지은이 | 사이토 시게타
옮긴이 | 홍영의
펴낸이 | 하중해

펴낸곳 | 동해출판
등록 | 제 302-2006-48호
주소 | 경기도 고양시 일산동구 장항1동 621-32(410-380)
전화 | (02)703-3428
팩스 | (02)703-3429
이메일 | dhbooks96@hanmail.net

ISBN 978-89-7080-154-4 (03320)

값 | 8,500원

*잘못 만들어진 책은 구입하신 서점에서 교환해 드립니다.